- **米拉莱斯 / 塔利亚布 - EMBT 建筑事务所**
- 伊塔洛·罗塔
- 雷姆·库哈斯——大都会建筑事务所
- 朱塞佩·特拉尼
- 马西米里阿诺·福克萨斯
- 蓝天组建筑事务所
- 勒·柯布西耶
- 丹尼尔·里伯斯金
- 隈研吾

米拉莱斯 / 塔利亚布 -EMBT 建筑事务所

MIRALLES TAGLIABUE-EMBT

经典与新锐——建筑大师专著系列

米拉莱斯/塔利亚布-EMBT建筑事务所

【意】玛丽亚·维多利亚·卡皮塔努奇 编著
李雪珂 译
王 兵 校

中国建筑工业出版社

目 录

代表作品

上海2010世博会西班牙馆柳条板细部，2007-2010年

代表作品 马德里巴拉哈斯（Barajas）社会住宅，2007-2013年

代表作品　　汉堡青年音乐学院扩建项目，2009-2011年

代表作品　　维戈大学校长办公楼，1999-2007年

代表作品　　　　　爱丁堡苏格兰议会，1998-2004年

代表作品　　巴塞罗那国家天然气总部大厦，1998-2007年

引言

对页：巴塞罗那圣卡特里娜市场屋顶细部，1997–2005年

EMBT建筑事务所：漫谈空间的连续与断裂

在面对一堵墙时，很难不去思考有无可能设计一个开口，去揭示墙的厚度。

——恩瑞克·米拉莱斯（Enric Miralles）

1991年，意大利人贝娜蒂塔·塔利亚布开始与加泰罗尼亚建筑师恩瑞克·米拉莱斯合作。从他们参与的一系列西班牙的和欧洲的设计竞赛来看，可以预见其将在当代设计领域获得成功——例如雷乌斯兰布拉的城市系统设计和一系列项目，例如德西布伦谷（Vall d'Hebron）体育中心，山谷两侧是伊瓜拉达墓园（1985-1996年）。恩瑞克·米拉莱斯认为国际经验有助于形成完整的设计体系，这个体系从威尼斯建筑大学开始萌芽；他于1989年毕业于该院校，然后在盎格鲁·撒克逊环境下的纽约继续深造。

然而从那里开始，他完全被卷入西班牙的生活，专业而敏感地把自己定位为忠实的加泰罗尼亚捍卫者。2000年他英年早逝，其工作和遗留下来的项目由EMBT建筑事务所接手。工作室延续米拉莱斯的设计路线，最终“独立”，变成一个在当代世界语境下的重要的建筑设计实体，并且在上海和巴塞罗那设有事务所。

谈到EMBT最近的进展，意味着找到一条连续抑或是非连续的路线。现在的作品和伟大的设计师离世之前“修建”的建筑有所不同。

其他的信号指向两个人独立的作品。拥有共同坚守的愿景和理想，使得个性不同的两人有共事的可能。事实上，他们单独工作依然有巨大的表现力，取得了很好的效果。

米拉莱斯最初与阿尔伯特·维阿普拉纳（Albert Viaplana）和埃利奥·皮尼翁（Helio Piñón）开办工作室（1973-1985）；之后独立，继而与卡梅·皮诺斯（Carme Pinós）合作第一个设计公司（1984-1991）。在一个时间段集中参加竞赛并取得成功。这些竞赛中当然包括伊瓜拉达墓园，这是其所有作品当中最为诗意和最具有教育意义的项目。它既是一个公共场所，也是神圣的寺庙和路径的象征。人们认为同样重要的还有布莱梅港和Osthafen（前柏林东港口）港口区域提升项目、矿山市中心区附近以及一些体育设施，如优雅的阿利坎特艺术体操中心、韦斯卡巴特勒球馆（或称为希伯伦中心）。

他开始设计重要的莫列特·德尔巴列斯（Mollet del Vallès）市民中心公园时（1992），项目大到几乎不可计算，不止包括莫雷利亚·奥斯特洛（Ostello）学校和一个综合体，还包括一个文化和展示空间，类似于复杂而优雅的哥本哈根礼堂和赫尔辛基当代艺术博物馆。

他所有作品的重点都在于过程。仅凭设计语言也能够产生有煽动性的、令人激动的、戏剧性的景观效果。因为他深入思考项目和所在环境之间的关系，却出乎意料地从未错过结构本身带来的愉快和精彩。他的项目兼顾工程和建筑艺术表达的双重性。

从某种意义上讲，我们可以反思新粗野主义的经验，尤其是盎格鲁·撒克逊派，来自建筑电讯学派十人小组（Team X）——如果考虑到丹下健三和矶崎新的新陈代谢派，也有日本的经验——米拉莱斯很早就开始重新解读、重新理解自由和时间，并且不迟疑地应用到设计上。尤其后来在概念层面，情景实验对他有独特的吸引力。

公共空间复兴项目本身的难点在于对公众和私人之间的界定摇摆不定；视觉效果与项目整体规

对页：日本宇奈月冥想亭，1991-1993年

划、场地和使用者的关系都是设计重点。正如卢卡·墨理纳利（Luca Molinari）所说："在这种心态下，夏季学期我们请来了史密森夫妇、吉安卡洛·德·卡洛（Giancarlo De Carlo）和十人小组来交流，年轻的米拉莱斯收益良多，重要的是，这种和英国建筑师夫妇（又一对建筑师夫妇）的对话随着时间延续。"[1]但是在他所处的年代，这种方法距离被大众接受还有很长一段路要走。因此，他在这一代人中足以脱颖而出，他很自然地产生了对那些特定"历史性"时刻的主角的尊重和兴趣，例如另一对夫妻搭档艾丽森和彼得·史密森，以及彼得·库克、塞德里克·普莱斯（Cedric Price），他从他们那里"继承"了一些项目的交流模式，如强烈色彩的拼接（毫无疑问是参考了普莱斯的视觉"乌托邦"），有时又是关于多个经典透视，米拉莱斯把相同的做法反射到历史的深层次关系（古罗马，尤其与新古典/浪漫的盎格鲁撒克逊世界）以及勒·柯布西耶的图景（例如苏维埃宫的设计）或路易斯·康作品的不朽本质，或是阿尔瓦·阿尔托的人文建筑或是战后一代、后国际现代建筑协会的拉尔夫·欧斯金、吉安卡洛·德·卡洛；抑或是罗杰斯和先锋派意大利建筑师。

米拉莱斯的其他作品和之后EMBT的作品，也带有和加泰罗尼亚优秀传统之间的持续关联——来自伟大的高迪的现代主义和来自亚历山大·德·拉·索塔（Alejandro de la Sota）、何塞·安东尼奥·科德尔奇（José Antonio Coderch）和约瑟夫·玛丽亚·胡约尔（Josep Maria Jujol）的战后实践带来的经验。就像有根"红线"将不计其数的文化暗示和孜孜不倦的天才建筑师联系起来一样，设计路线得出杰出的平面。

因此在学校那些年，他对于文化的、复杂的、被污染的和衰落的内容的自由解读，给已经被广泛认可的事物带来了新的解读方式，那就是西扎或芒尼奥（米拉莱斯在ETSAB的教授，他们认可他的潜力）所代表的本质的和诗意的手法。但是也需要战胜在学校和杂志中大为流行的极简主义或者解构主义的潮流。

1 卢卡·墨理纳利（L. Molinari）著，米拉莱斯/塔利亚布（Miralles Tagliabue）的连续性的价值，《区域》杂志第113期，2010年11月/12月。

蒙利特色彩公园（Parc dels Colors），莫列特·德尔巴列斯（Mollet del Vallès），1992-2002年

巴塞罗那对角海洋公园，1997-2000年

直到现在，这个姿态仍然是寻找新一代大师的参考标准。这要感谢贝娜蒂塔·塔利亚布选择通过EMBT建筑事务所的研究表达出的连续性／非连续性。有人说，国际关系已经为20世纪80年代中期的米拉莱斯铺平了道路，在理论和学术环境中也是如此，他的知名度使他自毕业后就在ETSAB任教，并且在国际一流大学任教（普林斯顿大学、哥伦比亚大学、AA建筑学院、1993年在哈佛大学担任丹下健三教席教授），专业方面达到西班牙领土外的国际水平。在日本，诗意的日本宇奈月冥想亭（1991-1993）和高岗车站入口空间（1991-1993）让他被誉为伟大的“矶崎新”；他参与无数的设计竞赛，在乌得勒支、德累斯顿、莱比锡，以及意大利首都的库利亚新教区中心和弗拉米尼奥村的居住区（1994-1995）竞赛，卡利亚里附近的旅游村研究，最重要的是其职业生涯中的三个重要的项目竞赛：威尼斯建筑大学新校区设计（1998年赢得竞赛），圣米凯莱公墓扩建，以及同年，确切地说是在随后的一年里位于泻湖城市的萨莱诺法院。在萨莱诺法院竞赛中他取得第二名——获胜者是大卫·奇普菲尔德。在这个项目中，他提出一个现实又恰当的新主题——“基础设施”。1996年，为了表彰对主题为“感知未来”的第六届威尼斯建筑双年展的贡献，他被授予意大利有重大国际影响的建筑奖项——金狮奖。建筑师就像地震仪，这是由汉斯·霍莱因策划的主题［并不是突发奇想，这是Osella公司在当代建筑领域的一项独特的倡议，致敬帕斯卡尔·马拉加利（Pascal Maragall）和巴塞罗那市长、城市革新的机器之神，以及EMBT的客户］。

对于近期项目的讨论范围已经不仅限于米拉莱斯本人，还有EMBT一系列其他项目和竞赛方案。它们展示了国际建筑的最新变化：从未完成的瓦尔德西布伦住宅（1997-1999），到获得FAD奖的阿姆斯特丹的婆罗洲-斯波伦堡（Borneo-Spohrenburg）的六个小住宅建筑（1996-2000）；从巴塞罗那对角线公园中功能复杂的诗意公共空间（1997-2000），到乌得勒支市政厅扩建（1997-2000）；从向心集中的集合空间给爱丁堡议会大厦带来愉悦体验，到汉堡音乐大学扩建（1998-

上图：威尼斯建筑大学新址采用拼图的设计意向，1998年

下图：威尼斯建筑大学新址模型

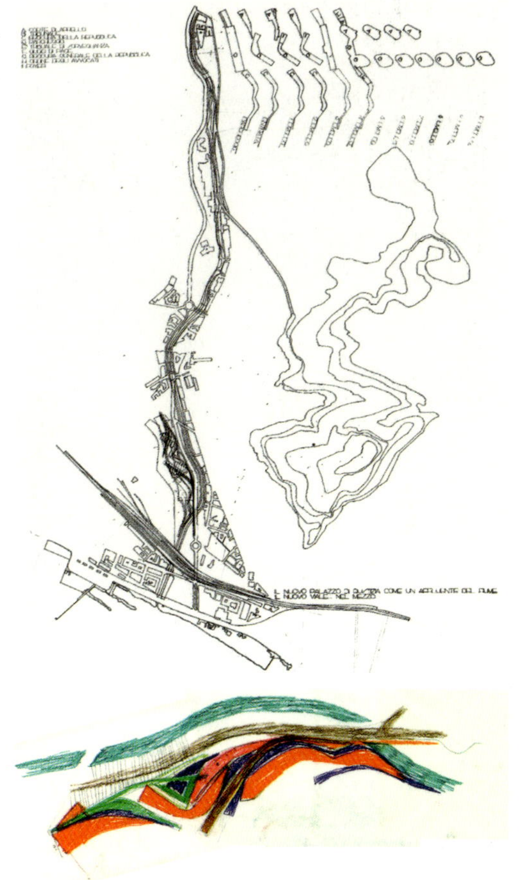

2000）带来的长期项目经验。从巴塞罗那拉劳纳（La Llauna）校舍，经过莫雷利亚，然后来到中国。

值得重点说明的是其完成的标志性项目——巴塞罗那圣卡特里娜露天市场重建（1997-2005），该项目在米拉莱斯去世之后才竣工。这个项目无论对于塔利亚布本人，还是对于在巴塞罗那的历史中心美丽密集的住宅，都有很重大的影响。生活的动态复杂性本质上与圣卡特里娜区升起的古城中心完全一样。这个复杂的波形结构在那不勒斯地铁项目的概念设计中也有出现，它意图发现和强调古代集市的存在。屋顶覆盖着从绿色到黄色的瓷砖，过渡到红色，最后变成蓝色。似乎要将一个古代热闹而嘈杂的街区与一个可以识别的场所联系起来。老集市有机会通过愉悦而清晰的公共空间表达伦理概念，这也是EMBT建筑事务所一直追求的根本。一个可以在程序上作比较的项目是伊瓜拉达墓园和苏格兰议会，以及像威尼斯建筑大学这样耗时更长、概念更复杂的项目，“米拉莱斯必须专注于与历史城市的肌理‘分手’，通过使用符号和预先存在的元素作为基础参考，甚至可能需要对抗最终的项目，超越其实际的建筑质量。”[1]并且，马可·德·米凯利斯[作家，和马达莱娜·希梅米（Maddalena Scimemi）一起撰写了专辑——EMBT：米拉莱斯/塔利亚布的建筑与项目，由米兰的斯基拉（Skira）出版社于2002年出版]在由加泰罗尼亚建筑事务所设计的两栋大学建筑内举办的题为“Double”的展览中，凸显了EMBT项目的重要性，包括威尼斯建筑大学、加利西亚维戈大学，以及悬浮和复杂如同萨莱诺司法宫的场地。最近的作品更多地是从2000年开始“被迫”由贝娜蒂塔·塔利亚布一个人完成。这是一个新的职业维度，而所有的项目仍然总以缩写形式EMBT署名。到今天，她凭借各种规模的项目享有声望。正如她所说的，在完成由米拉莱斯开始的项目的同时，一系列新的有“公共”概念介入的项目，比如汉堡海港城开放空间项目（2002-2014）、列伊达的理卡多·威涅斯宫（2007-2010）、那不勒斯中心地铁站（2004-2005）——从巴塞罗那集市结构以及概念引发的“姊妹”项目。有一些项目专注于文化和教育，例如巴塞罗那的语言（les LIengües）博物馆（2007）、汉堡音乐音乐学院扩建（2009-2011）和甘迪亚音乐学院（2009-2011），

1　2013年9月在米兰与马可·德米歇利斯（Marco De Michelis）的对话。

萨勒诺国际法院国际竞赛中的计划和草图，1999年

上图：伊瓜拉达墓园，1985-1996年

下图：莱里达的里卡德·维纳斯广场，2007-2010年

加入了多彩“交织”的加德满都的一个小学（2005）。最近在中国的项目给EMBT建筑事务所带来了更强“实验”的机会——上海世博会西班牙馆（2007-2010）。通过它被稻草编织的板覆盖的钢表皮结构，伟大画家张大千充满诗意的竹子博物馆，其他的项目也在实现的过程中，比如天津的国家海洋博物馆和复旦大学管理学院。

EMBT在寻找其研究路径在文化背景下的创作与语言的一种连贯的合法性，以向伟大的“自由斗士”米拉莱斯致敬。它被日本建筑界的年轻人所喜爱，如同盎格鲁-撒克逊被西班牙所喜欢一样。考虑到当今世界的新一代，难以分辨EMBT两个主创设计师的独特性，尤其是他们采用着相同偏好。项目的实际结果始于不可分辨的二人中的某位，最终由贝娜蒂塔·塔利亚布以惊人的心智完成。比如爱丁堡苏格兰议会中集中场所和强有力的表达（项目始于1988年竞赛获胜并于2004年竣工），集中了一系列出于其研究的主题和元素的民主大本营，同时也是一种非常具体的政治环境的表现。这样，如同巴塞罗那天然气总部项目中采用的建构和地中海的“玻璃”展现的一样——该项目在1999年竞赛获胜后8年得以实现——成为巴塞罗那和前奥林匹克公园的竖向标志；它距离另一处公共空间也不太远，那就是可以代表新城市面貌的对角线海角公园。

于是，焦点真正集中在贝娜蒂塔·塔利亚布身上开始于2010年，并且是在短短的一周时间内，她获得了两个极为重要的奖项：一个是来自《El Mundo/Yo Dona》杂志颁发的“年度最佳女企业家”奖；另一个是英国RIBA（英国皇家建筑师学会）大奖，以表彰上海世博会西班牙展馆。在某种意义上，他们都受到作为“伊比利亚人”的影响。她自己说：“我非常高兴。《El Mundo/Yo Dona》杂志表彰我今年在上海世博西班牙馆中展现的专业经历。西班牙至今没有和中国有什么特别接触，所以这也是一次外交行为。而英国皇家建筑师学会授予这个奖项则是为了表彰巴塞罗那馆的质量，可以拆卸的柳条表皮和对于自然材料革命性的使用。”[1]通过类比和选择，她的故事和20世纪另一位伟大的女性建筑师联系起来。那就是来自巴西的丽娜·柏·巴蒂，她也是追随她的爱（1946年，她追随丈夫——著名艺术评论家、诗人皮耶罗·M. 巴蒂）。她凭借威德鲁住宅、il MASP（圣保罗艺术博物馆，她的丈夫是策展人）和圣保罗庞培娅艺术中心，成为南美国家自由文化和设计实验的标志。正是在适应地域这个问题上，丽娜·柏·巴蒂曾经公开宣称：“当我们出生的时候，我们什么都决定不了。不是因为我出生在这里，而是我选择在这个国家生活。这是巴西成为我第二故乡的原因；它是我自己选择的国家。”这句话铿锵有力，同样适用于出生在意大利的“巴塞罗那”设计师。两位女性产生了这样一种联系，即在男性创造的世界里找到了她们的起点。她们不只是停留于起点，而是根据各自的路径前进，即使有艰辛，但是最终完全独立。无论性别，建筑师追求或者追求过基于研究的文化项目，试图挖掘公共空间的潜力。希望项目成为社会或城市转化的装置，同样也注意结构和技术方面：对于塔利亚布来说，是爱丁堡的苏格兰议会大厦、维戈大学校园的“高脚屋”或者上海世博会西班牙馆的复杂性；对于柏·巴蒂而言，是她的威德鲁住宅（为了其结构校验甚至咨询了伟大的奈尔维，这是一个巴西出版集团雄心勃勃的摩天楼项目），也是圣保罗桥结构的独特标记。EMBT最近的项目，例如巴塞罗那天然气总部，不仅仅是规模问题，而是设计项目及其周围公共空间关系的问题。是亲和平庸，还是自然而随性？诚然，对于塔利亚布而言其角色与名声已经超过了纯粹的

1　来自保拉·皮耶罗蒂（Paola Pierotti）的采访，“24小时的太阳”节目，2010年7月1日。

建筑设计，就像当年巴西的巴蒂一样；“女企业家”这个奖项的确加强了这个感觉。EMBT 自成立以来就一直在研究“参与”维度和社会学的敏感性的价值。某种意义上讲，如果倾向把作品放到一种开放而完全、被需要和必要的状态，未来的使用者是一个重要因素。米拉莱斯早期建筑以及后来二人合作的项目都具有这个共同点，例如圣卡特里娜集市（1997-2005）或者后期的汉堡海港城公共空间、列伊达的维涅斯（Viñes）广场（2007-2010）。正如大家所说的，思想和文化的态度一直是来自恩瑞克·米拉莱斯的背景，在贝娜蒂塔·塔利亚布的方案里也同样能看见源自威尼斯的氛围影响了她的构成手法（正是她设计了威尼斯建筑大学的新校址）。受到教授阿尔贝托·萨莫纳（lberto Samonà）和吉安卡洛·德·卡洛（Giancarlo De Carlo）的个性影响；但最重要的影响来自马西莫·斯科拉瑞（Massimo Scolari），将他们推向盎格鲁-撒克逊的思想世界（尤其是彼得·库克），以及被伟大的、令人难忘的建筑学家曼弗雷多·塔福里的文化和意识形态所影响，其周围是一个有前途的同伴，包括弗朗西斯科·达尔科（Francesco Dal Co）、马西莫·卡恰里（Massimo Cacciari）、马可·德米歇利斯（Marco De Micheli）。主角和场所相聚又分离地经过一个循环，提供了一个准备采取行动的愿景，去改变建筑环境和社会。

上图：张大千博物馆的概念设计图

下图：内江张大千博物馆

建筑师年表

1955	恩瑞克·米拉莱斯在西班牙出生。
1974	取得ETSAB（巴塞罗那高等建筑学院）学位，并且留校任教。
1973-1983	恩瑞克·米拉莱斯和阿尔韦特·维阿普拉纳（Albert Viaplana）、埃利奥·皮尼翁（Helio Piñon）合作。
1985	恩瑞克·米拉莱斯，极富革命性的建筑师，被认为是西班牙"怪杰"，在这个时期，开始和卡梅·皮诺斯（Carme Pinós）一起工作。
1989	米兰人贝娜蒂塔·塔利亚布，获得威尼斯建筑大学学位。
1990	恩瑞克·米拉莱斯成为法兰克福史泰德学院大师课的导师和教授。
1991	开始和合伙人贝娜蒂塔·塔利亚布工作，在巴塞罗那成立米拉莱斯/塔利亚布—EMBT建筑事务所。他们的建筑极为诗意，总是基于场地，诞生于传统和革命的邂逅，每一个项目都被视为一种风格，同时也是一个新的学习机会。他们的哲学反映了通过观察和尊重文化遗产、历史和文化改变环境的信念。
1992	恩瑞克·米拉莱斯被哈佛大学邀请成为丹下健三教席教授。完成马德里社会阅读中心、巴塞罗那伊卡里亚岛奥运村大道，以及西班牙贝里特拉(Bellaterra)独立住宅。
1993	西班牙的许多项目完成。韦斯卡体育中心、阿利坎特国家高新技术中心、卡米-内斯特莱（Camy-Nestlé）工业大桥和巴塞罗那拉米纳社会中心、塔拉戈纳雷乌斯大道（Reus Boulevard）社会中心和巴伦尼亚旅馆（Hostalets di Balenyà）的社会中心。而在日本即将完成高冈车站入口和宇奈月冥想亭。
1994	西班牙的莫雷利亚学校开幕。
1995	完成巴塞罗那伊瓜拉达墓园和日本立山天堂阁博物馆。
1996	恩瑞克·米拉莱斯赢得威尼斯双年展金狮奖。完成阿姆斯特丹奥兰达（Olanda）婆罗洲岛居住区。
1997	修缮两座西班牙巴塞罗那的历史建筑。
1998	凭借威尼斯建筑大学新校址项目，EMBT建筑事务所赢得第一个奖项。建筑选址靠近珠玳卡岛运河，位于威尼斯建筑大学旧校区旁边，之前是圣玛尔塔棉纺厂。建筑包括容纳1200个学生的教室和500人的礼堂和办公室、餐厅、书店、展览空和地下仓库。完成巴塞罗那克莱塔住宅。
1999	EMBT建筑事务所参加萨莱诺法院国际竞赛。
2000	恩瑞克·米拉莱斯英年早逝后，留下贝娜蒂塔·塔利亚布独自支撑工作室，通过她干练的工作，最终完成了10余座恩瑞克未完成的作品，并且开始很多新项目。同年，EMBT工作室在巴塞罗那完成了堂吉诃德景观图，荷兰乌得勒支市政厅和德国汉堡音乐学院。
2001	完成西班牙巴塞罗那莫莱特·德尔·瓦勒斯市民中心。
2002	贝娜蒂塔·塔利亚布获得加泰罗尼亚国家奖章。

对页：恩瑞克·米拉莱斯在他的位于阿维尼奥（Avinyo）街的工作室中，1991年

2003	忙碌的巴塞罗那城市项目年。诺坎普巴里斯提升工作的结束和对角线海岸公园；同年完成的大项目是西班牙维戈大学校园设计。
2004	贝娜蒂塔·塔利亚布获得苏格兰爱丁堡纳皮尔大学人文与社会学院博士学位；一直在修建的苏格兰爱丁堡的苏格兰议会最终完成。
2005	贝娜蒂塔·塔利亚布被授予斯特林建筑奖和巴塞罗那城市奖。完成德国汉堡的麦哲伦平台项目以及西班牙巴塞罗那的圣卡特里娜集市。
2006	完成了卢森堡阿尔泽特河畔埃施的阿塞洛展馆、西班牙维戈大学校园行政楼，部分总平面规划在几年前完成。
2007	贝娜蒂塔·塔利亚布的设计赢得FAD建筑大奖（已经在2000年和2003年获得此奖）。德国汉堡的海港城公共空间开幕；帕拉福利斯公共图书馆——献给恩瑞克·米拉莱斯；菲格拉斯居住区；格兰大道的隔音板和西班牙巴塞罗那的天然气公司塔。
2009	贝娜蒂塔·塔利亚布再一次得到巴塞罗那城市奖。EMBT完成纽约梅尔塞·坎宁安（Merce Cunningham）舞蹈公司的舞台设计和巴塞罗那约翰·伯格的舞美设计；完成西班牙塞维利亚的第一个看步（Camper）商店。
2010	EMBT建筑事务所完成中国上海世博会西班牙馆，这个建筑也获得了RIBA（英国皇家建筑师学会）“最佳国际建筑”大奖；在内江开始张大千博物馆的工作；同年完成塞维利亚看步商店的室内设计和位于西班牙莱里达的里卡德藤广场项目。
2011	完成西班牙巴塞罗那的第二个看步商店设计；完成中国西安国际园艺博览会的项目；完成德国汉堡音乐学院的扩建工程，设计了新的礼堂和入口大堂，该项目开始于大约10年前。
2012	设计的第三个看步商店在美国华盛顿开业。
2013	工作室设计了2015意大利世博会意大利馆并且设计出了蒂娜（Tina）扶手椅。完成了马德里的巴拉哈斯的社会住宅区，西班牙巴塞罗那的欧莱雅学院开幕。

贝娜蒂塔·塔利亚布在她位于波城通道（Passage de la Pau）的工作室里和2010年上海世博会西班牙馆的模型，2010年

建成项目

圣卡特里娜集市，西班牙巴塞罗那

苏格兰议会大厦，苏格兰爱丁堡

国家天然气总部大楼，西班牙巴塞罗那

维戈大学校园，西班牙维戈

上海世博会西班牙馆，中国上海

巴拉哈斯社会住宅，西班牙马德里

青年音乐学院扩建，德国汉堡

看步（Camper）商店，美国华盛顿

欧莱雅学院，西班牙巴塞罗那

巴塞罗那国家天然气总部局部，1998-2007年

圣卡特里娜集市

西班牙巴塞罗那，1997-2005年

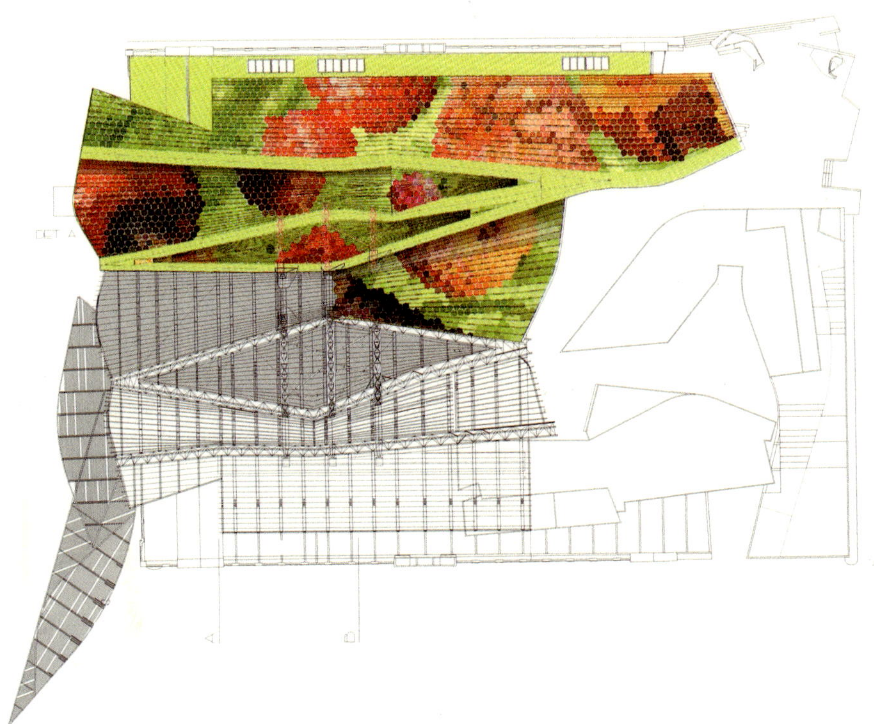

圣卡特里娜集市在巴塞罗那老城区的核心地带，临近哥特区。圣卡特里娜集市的重建是一个盛大而雄心勃勃的项目，因为需要应对城市历史的冲击，也需要重新塑造贫民窟地区整体的城市质量。

恩瑞克·米拉莱斯要求不能全部拆毁原建筑，因此他承诺创造出适应场地复杂性的体量，并且在过去和现在之间形成对话，同时将建筑转化为新巴塞罗那公共空间的品质象征。项目的目的是重建古老城市的片段，延续旧集市地区的发展和复杂性。

项目的介入方式非常温和，但变现力非常惊人。集市生活的“层次”和方方面面重叠交织的场地和功能——服务、商业、公共活动、

屋顶平面图

居住——覆盖在一个巨大的波浪形屋顶下面，生命流动在一个多种颜色覆盖物包裹的下面。

两个策略性的选择构成了整个方案。一是保留历史的立面，它代表了集市的历史和记忆；二是加入新的陶瓷屋顶，使整个项目有辨识度。项目整体的轮廓是波浪形，这种几何形式是EMBT建筑事务所常用的设计语言。

陶瓷屋顶既起保护作用，又是圣卡特里娜集市的象征。30万片彩色陶瓷六边形，根据精确的细微差别铺制成为理想的水果和蔬菜的颜色。这个巨大的“像素化”的波纹屋顶很有价值。开放的形式和丰富的色彩都是这座地中海城市的特点。混杂的成分和斑斓的色彩让人想起加泰罗尼亚音乐宫和伟大的建筑师高迪。

历史建筑立面及其上覆盖的新结构

各种水果摊位的市场内部

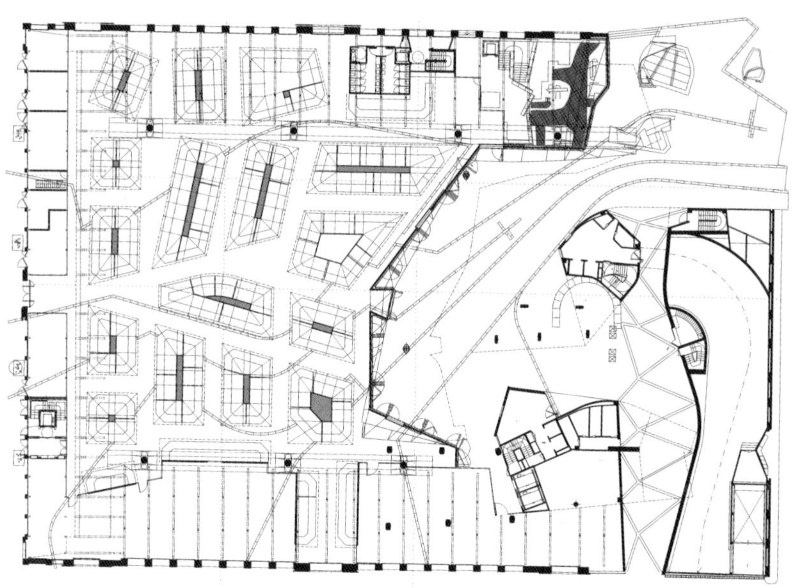

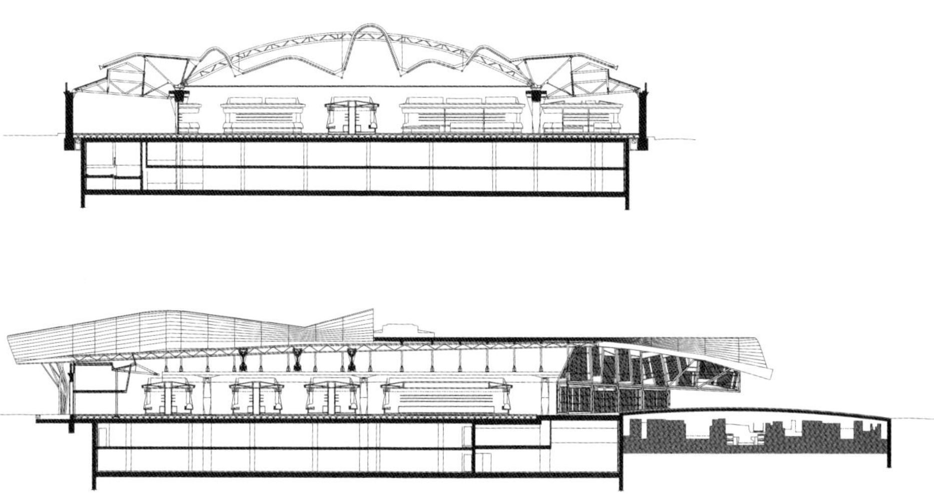

上图：首层平面图

下图：剖面图

苏格兰议会大厦

苏格兰爱丁堡，1998-2004年

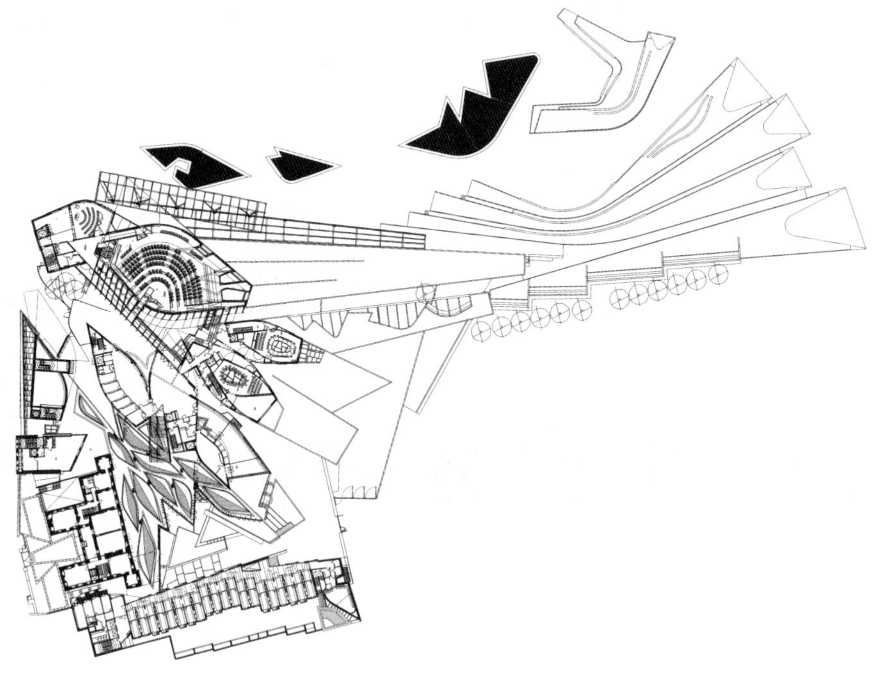

议会大厦在人们心目中有一个既定形式，并且必须表达场地。建筑总是源自场域，根据恩瑞克·米拉莱斯的说法："土地本身也可以是一种建筑材料，我想要苏格兰人热爱的水和草地作为新议会大厦的基础。新议会大厦嵌入大地，建筑是用土做的房子。建筑来自清晰而严格的表达，独立于场地独特性。"项目建筑总面积约为19000平方米，由多栋独立的建筑构成。环绕着一个绿色的环形剧场般的花园发展。花

二层平面图

园面向公众开放，像是从心理和最初的集会的象征，回归议会对于城市价值。

建筑的象征主义在内部空间继续，空间实体可以增加或者适应民主交替和政治身份认证。议会大厦平面强调不同权利之间的和谐，会议厅是一个内向性的空间，鼓励平和的交流，平面略微有些倾斜，仅面向一些特别的、具有符号价值意义的视点开放。首先是被认为具有肖像价值的绘画，亚瑟王座，第二是朝向城市，第三个朝向伟大的苏格兰诗人罗伯特·伯恩斯纪念碑。

东端是议会办公区，拥有独立的工作环境，每个房间有一个带窗户的阳台，面向景观开放，这里适合于思考。办公区之间存在一个长的“阳台”，架在绿色庭院上空。

木头和石材是所使用的主要建筑材料，优雅的木头表皮和典型的苏格兰海岸线以及它们美丽的景观形成明确的联系。

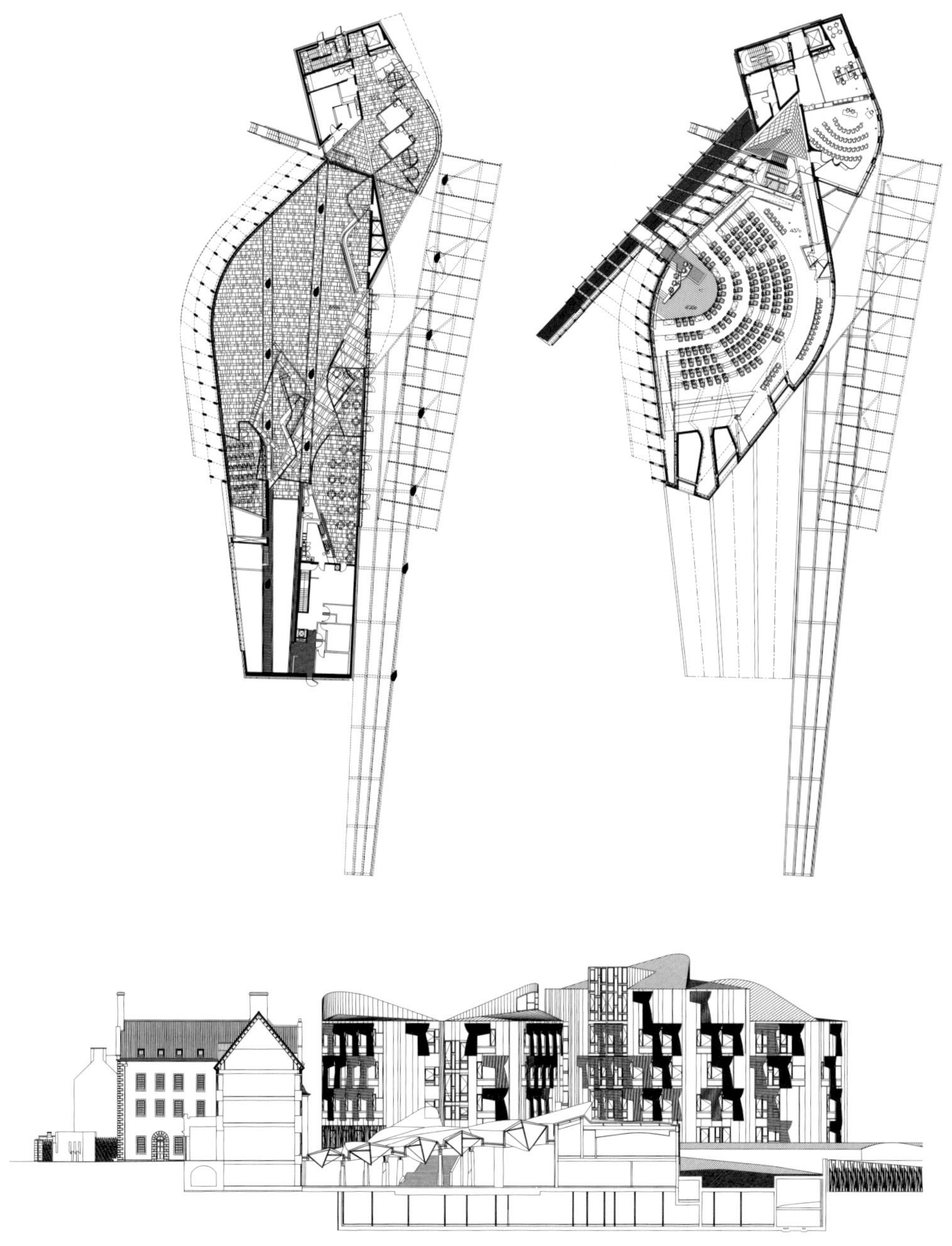

上图：议事厅平面图（地面层与二层平面图）

下图：西侧剖面图

上图：议事厅室内

下图：小会议室效果

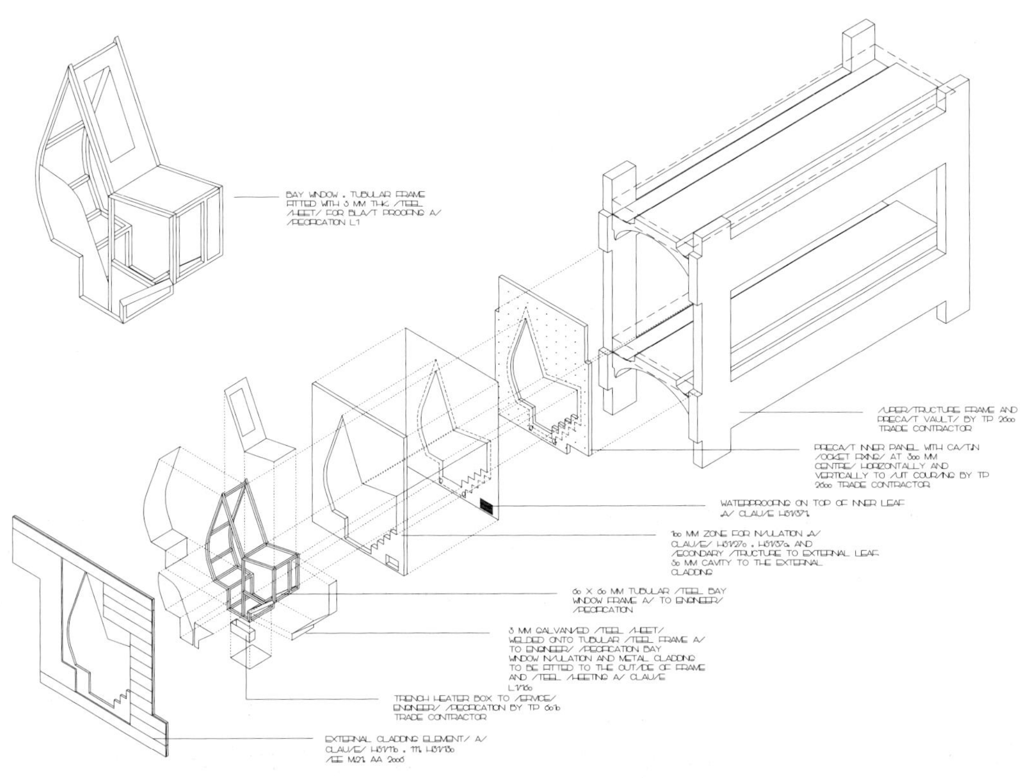

建成项目　　　　飘窗的装配示意图

对页：飘窗的外观效果图

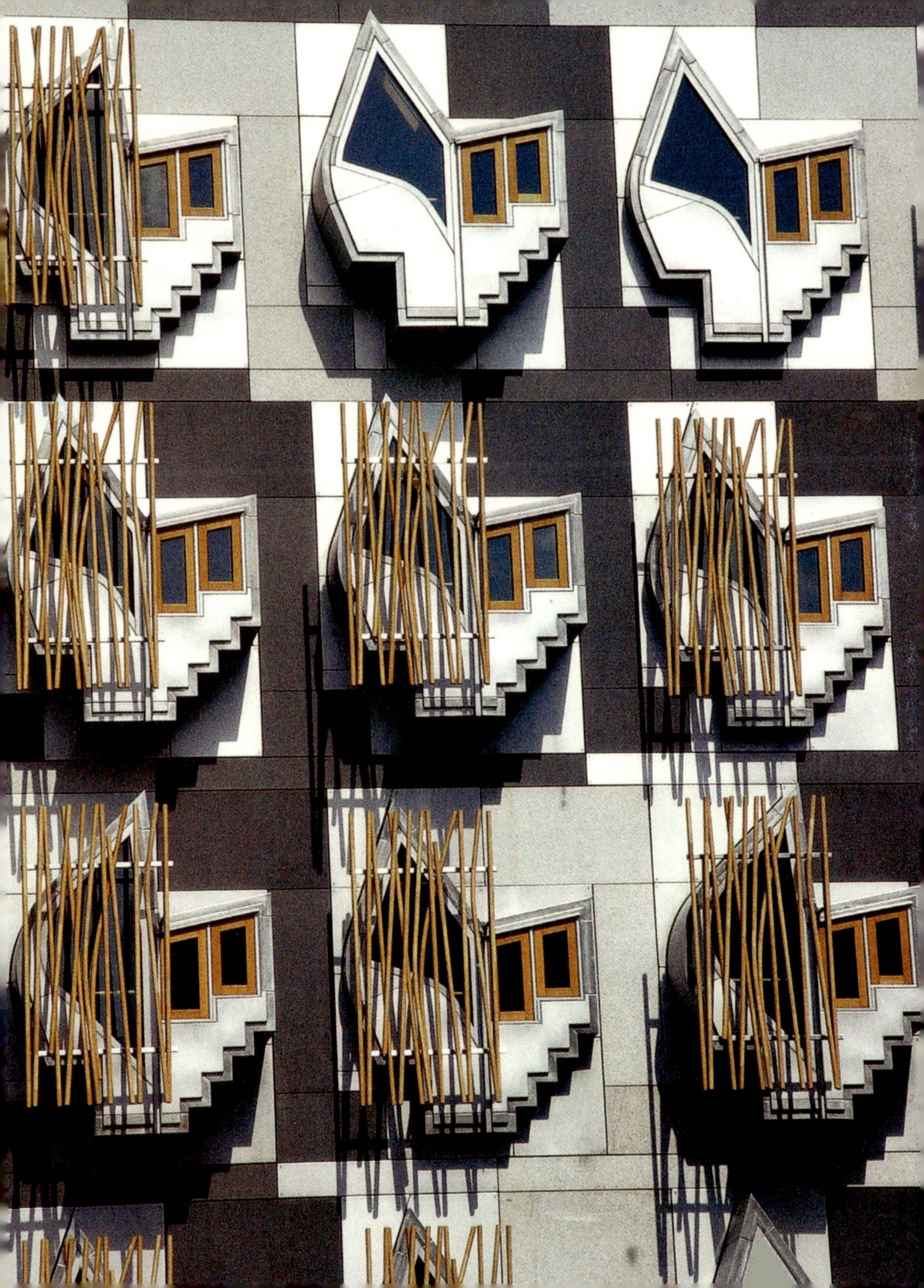

国家天然气总部大楼

西班牙巴塞罗那，1999-2007年

天然气总部综合大楼位于巴塞罗那，希望融合在周围的城市元素——新巴塞罗那小尺度的建筑、公园和塔之中。这座高达20层的高层建筑采用现代而弯曲的形式，丰富了城市天际线。

在第五层和第十层，高层建筑从中心部分向外悬挑，形成了一个强烈的个性元素；但从建筑的视觉效果看来，它与文脉融为一体。“就像一个有生命的生物对于外界刺激的反应，国家天然气新总部大楼，生长和延伸以应对多种复杂的环境条件。”因此事务所定义建筑综合体的发展方针，是由多种片段式的体量组成建筑：从主体部分到局部，绿色的公共区域向所有市民开放，内部广场可以通向其他的各建筑单体。二期有一条步行道，连接巴塞罗那塔海滩公园和城市道路。除了建筑中央的悬挑结构，一个复杂体块的重新改造的部位成为第三元素，它覆盖玻璃表皮，形成一个“瀑布”。

综合体的概念是分层，而统一地笼罩在玻璃顶下，创造出抽象和解构的惊人效果。覆盖建筑的表皮并不相同；根据观察的时间地点的改变，建筑形态不断变化，呼应不同尺度的大都市景观。

建筑西南方向远眺

对页：建筑的塔楼和第五层至第十层的悬挑体块

上图：建筑立面的层叠效果

下图：150座演讲厅室内

对页：两栋塔楼之间的连接体

上图：草图

下图：剖面图

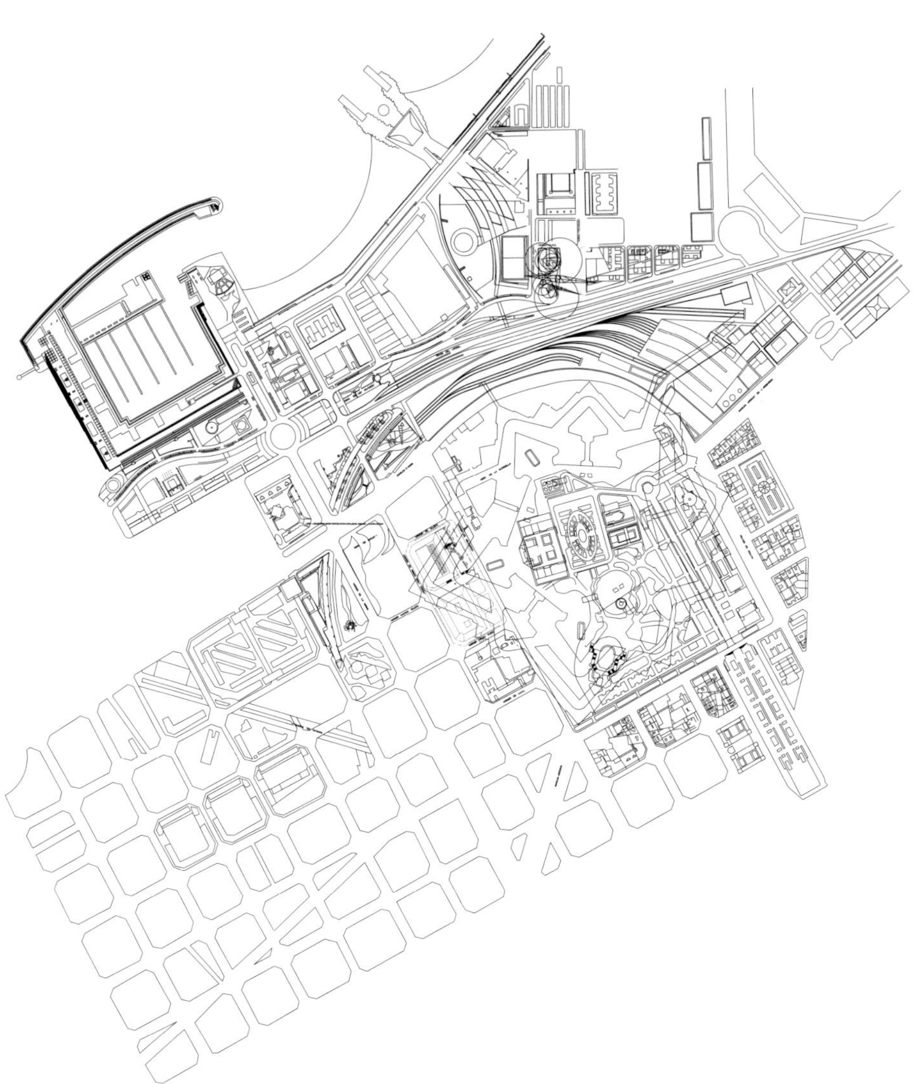

总平面图

FIATC

维戈大学校园

西班牙维戈，1999-2007年

维戈大学校园是个复杂的项目，它改变了大学的景观形态，并且从城市意义上诠释了其功能：教学建筑、行政管理场所和运动广场。

校园建立在对生命的重新思考，以及大学组织和交流空间的基础上。因为“每个学院的生命力使得重新定义场地的品质和未来规划成为可能。”项目源自场地自然特性——重要的位置、地形和小山谷带来的价值。项目需要协调众多已在进行的工程：包括一条到达校区和各学院的新道路和停车场、综合服务实施、植树与新景观工程；通过重建自然与景观，让学生享受更好的生活环境质量，可以在一个安静的地方学习，有助于集中注意力。

小路的概念来自恩瑞克·米拉莱斯和贝娜蒂塔·塔利亚布，旨在为校园定义大学生活的社区性质。

靠近现存工厂的新建筑群（宿舍、学生服务中心、商店、食堂、健身房）给创造场地和广场提供了可能，这些空间适合分享工作和公共生活。校园的总平面包括管理大楼（2006）和占据平面系统的一端剧院建筑。建筑平面布局分为学习活动和辅助功能部分：这是一个由一系列路径、公共场所和自然景观构成的理想场所。

教学楼西南侧外观

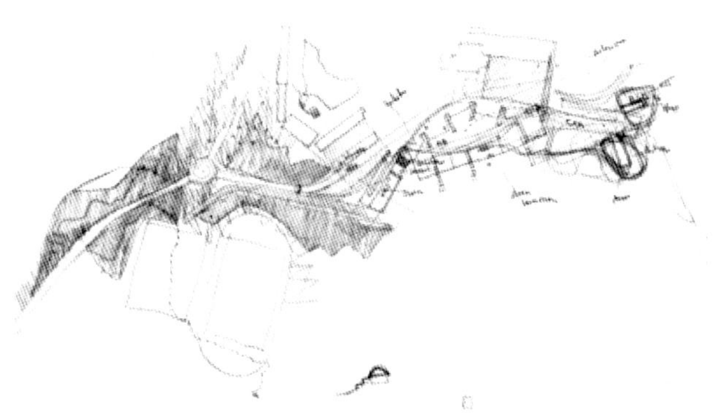

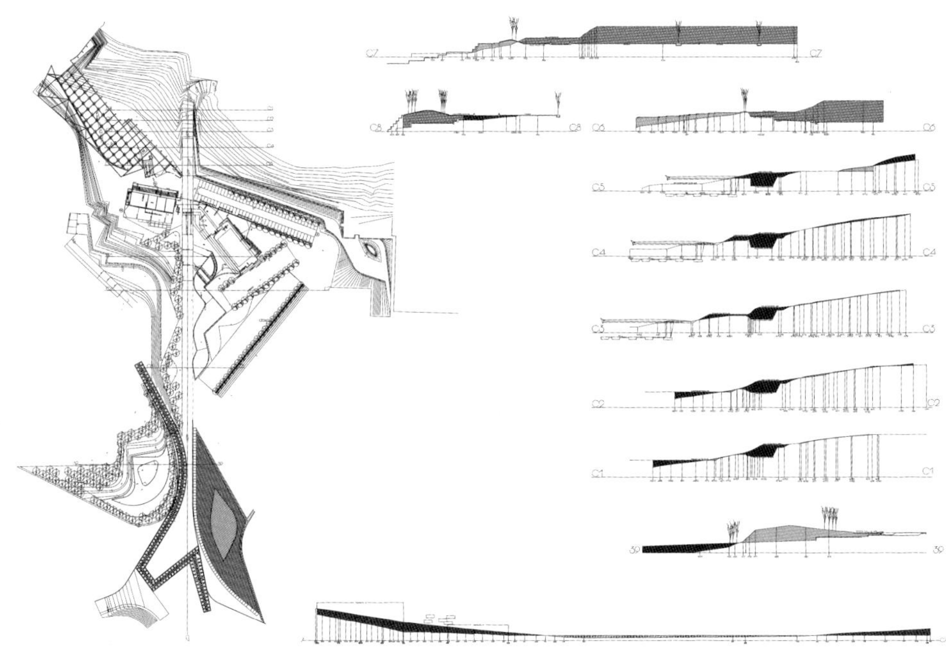

建成项目

上图：项目草图

下图：沿街层平面图

上图：教学楼西北侧外观

下左图：室内游泳池

下右图：教室外长长的走廊

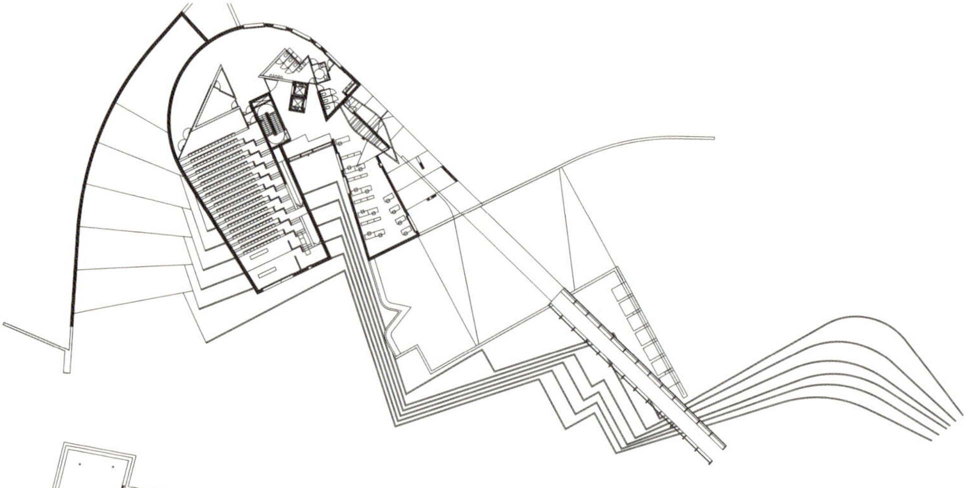

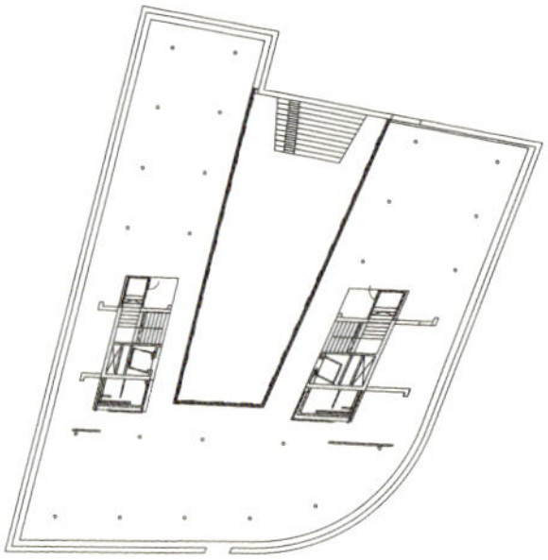

校长办公楼的平面与外观

上海世博会西班牙馆

中国上海，2007-2010年

一个大的鸟巢、一个菜篮子或者弯曲的蛇——不同的人用不同的形象来形容2010上海世博会西班牙馆：这些动物形象、传统材料和最新建筑技术在项目当中彼此促进，使得该项目获得了最佳外国馆奖。世博会主题是“城市让生活更美好”，提出环境可持续发展的模式和技术品质，于是西班牙馆的出现成为一个持续的发展的生活空间、一个邂逅和实验的场所。

表皮材料使用的柳条，唤起了对农业世界和农村的记忆。它创造了东西方之间、中国和西班牙的理想结合点。用现代的方式重新诠释这种传统材料，每个面板都是由来自中国山东省的工匠

总体外观图

手工编织而成。该馆占地6000平方米，由金属支架管状结构支撑。这需要先进的结构技术以满足一个复杂的几何曲线，中间填充玻璃，再由8200块柳条编织面板附着其上。从节能的角度来看，其立面可以进行自然通风，柳条表皮可以保护立面避免阳光直射引起的过热，同时允许经过过滤的自然光进入内部空间。

一个充满历史感的场所。这个项目让人们想起建筑起源的那一刻：在一个向蓝天敞开的广场内欢迎到来的游客，这让人想起西班牙的建筑传统；通过表皮形式的展示，延续高迪的加泰罗尼亚现代化的概念和陶瓷表皮的材料性质。

西班牙馆内250座的餐厅室内图

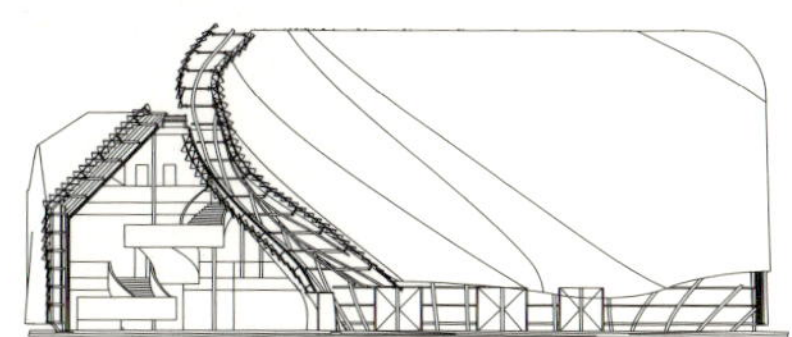

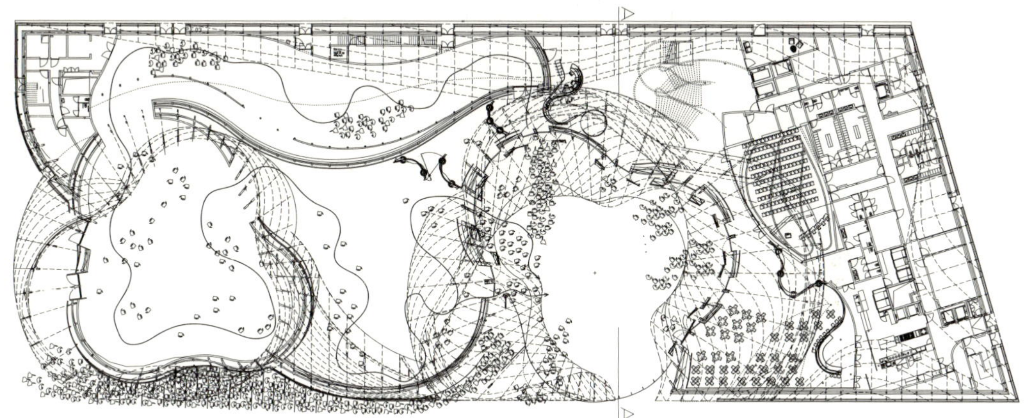

上图：剖面图

中图：地面层平面图

下图：双曲面的柳条板细部

管状金属支架和柳条板

上图：立面图

下图：设计“贴图”研究

巴拉哈斯社会住宅

西班牙马德里，2007-2013年

巴拉哈斯居住综合体于2013年3月建成并投入使用。它位于一个历史街区，其特色为拱廊和陶瓷墙面，真实而贴近传统。它与马德里城市扩张密切相关。项目延续了当地居住轴线，是 组低密度建筑，这一地区以非连续的街区和没有限制的广阔空间为特点。

每一组建筑单元都是通过架空的走道彼此相连，几乎等同于阳台向外部空间敞开，形成一个连续的景观。单个房间的弓形窗（凸出来的窗）强调空间的独立性。建筑整体设计是为了形成光、风和地区开放式生活，建筑概念使得体块彼此相连，创造出露台和公共区域。公寓沿着走廊开放，俯瞰古老的科拉莱斯，促进邻里和新生活区之间建立连接关系。

公寓的建筑特点赋予了它很强的群居性质：走廊、露台和内部广场、中央区域，鼓励邻里互动。整体的可识别性和每个居住单元的独特性定义建筑立面。采用混凝土预制单元快速安装节约时间。混合结构创建一个简单而丰富的效果：一系列的颜色和材料产生无限的组合。体块围合出一个内部小的公共广场。建筑概念源自代表马德里文化空间的拼贴图像元素，结果是一个舒适和收获的空间和绿地，可以休息或游戏。

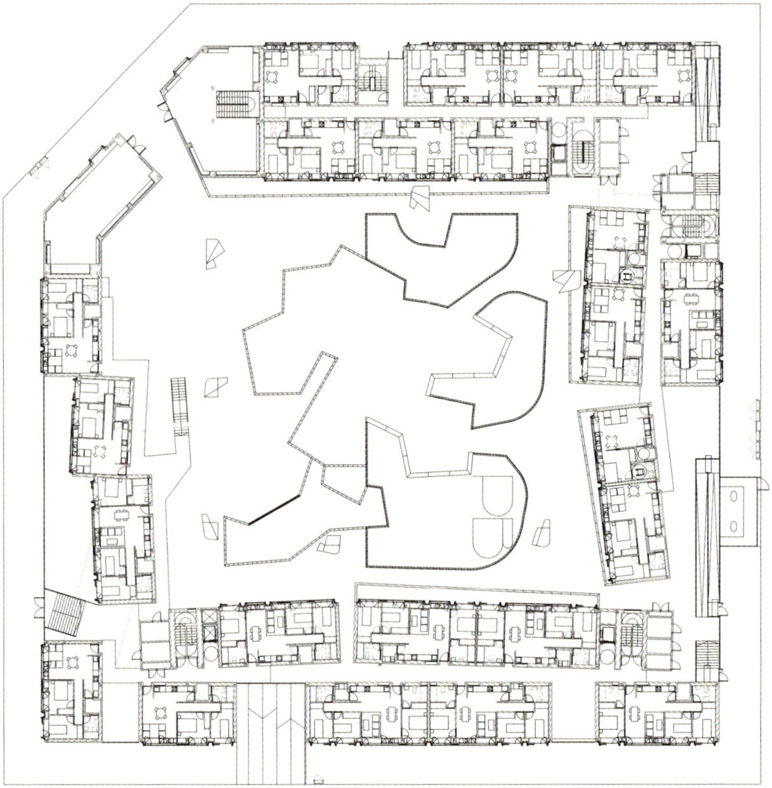

上图：地面层平面图

下图：一个公寓内的特殊的几何窗

上图：内院

下图：建筑剖面图

青年音乐学院扩建

德国汉堡，2009-2011年

汉堡音乐学院项目一共开展了10年时间；第一栋建筑物在2000年落成。这座综合体建筑围绕场地中遗留的树木并且以此为特点，将自然引入空间。学校分为两个主要区域：一个私密区域和包括咖啡、教室在内的公共区域，这两个区域由一个共同的入口联系。学校的行政管理部分位于地下，信息中心靠近正门。教室位于二层和三层，其前面存在一个树木之间的等待和休息的区域。

坡道和楼梯连接了大厅和二层，并且形成公共空间的前景。覆盖外墙的材料和颜色有着很大的差别：黄色和红色的砖、钢铁、玻璃和

入口和新的观众厅

面向城市道路的彩色面板。客观存在和建筑向树木的开口，是对自然世界的借景和回响；连同色彩和光，给儿童和音乐世界带来能量和活力。新礼堂以及入口大厅建成于2010年，同时完成了青年音乐学院的项目。老建筑和新学校之间的狭窄空间，创造了建筑物之间的一个过渡（转变）。大厅被一个折叠的屋顶覆盖，与坡道相连并通向上层。

礼堂的形状是似圆非圆的不规则形状，位于建筑二层，创造了一个向入口层开放的多功能空间。参照建成建筑物的材料，立面材料选择砖。建筑装饰的概念来自声波。

采用砖块的让人联想到声波的音乐厅背立面外观

坡屋顶室内

左图：走廊空间

右图：观众厅室内

上图：项目效果图

下图：“贴图”设计研究

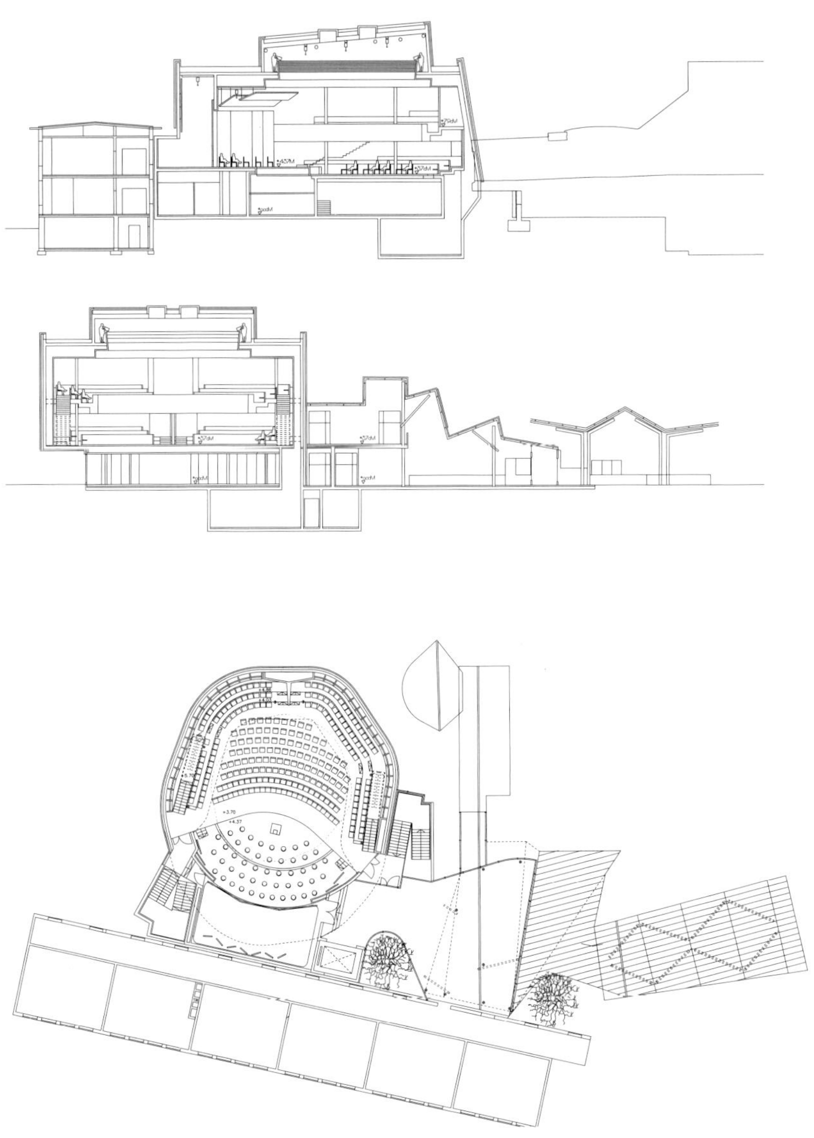

上图：剖面图

下图：二层平面图

看步（Camper）商店

美国华盛顿，2010-2011年

跨过华盛顿看步（Camper）商店的门槛，人们会进入一个神奇和超现实主义的世界。它的曲线和表面形式塑造出一个可以在其中发挥幻想和想象的空间，就像是看步诗歌总在暗示的那样："当我们被要求设计一个商店的时候就开始构思。看步与'领域'有很大关系：乡村、田野、在田野里行走……然后我们联想到表面不普通的鞋，以及我们穿着它们走在地上。"贝娜蒂塔·塔利亚布如此解释商店充满诗意的设计手法。

内部就像存在于游戏空间中，就像儿童世界一样：内部采用反光的表面，就像游乐园的镜屋一般，随着人们的移动而变形。

去工厂参观给马约尔卡（Maiorca）带来了设计概念，即用工人做鞋子的方式设计建筑。为了制造一双鞋，需要将皮革切成片状，通过借助模具的两次缝合，皮革像魔术般地成为三维立体形状。所以，在中密度纤维板上，切割了不同的鞋子：有鞋跟、没有跟鞋、高帮的、低帮的、男鞋和女鞋，这些元素通过组合变成椅子、板凳、桌子、货架和商店所有表面的构成元素。

一个简单而创新的过程，带来舒适和充满想象力的空间，让大家在有趣的世界里享受购物的过程。

服务台

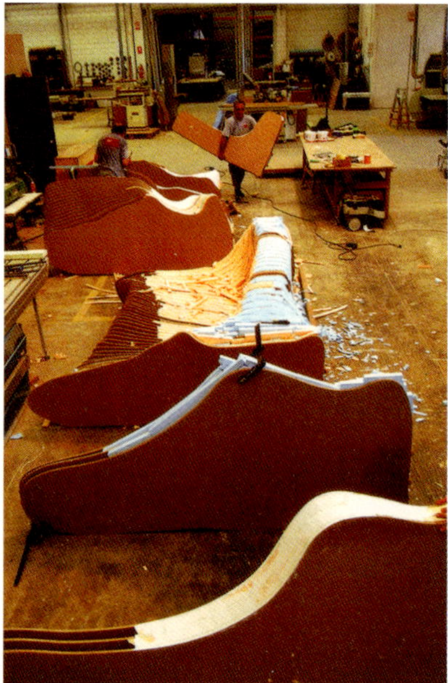

上图：商店室内

下左图：新款产品展位

下右图：商店家具的加工和建造

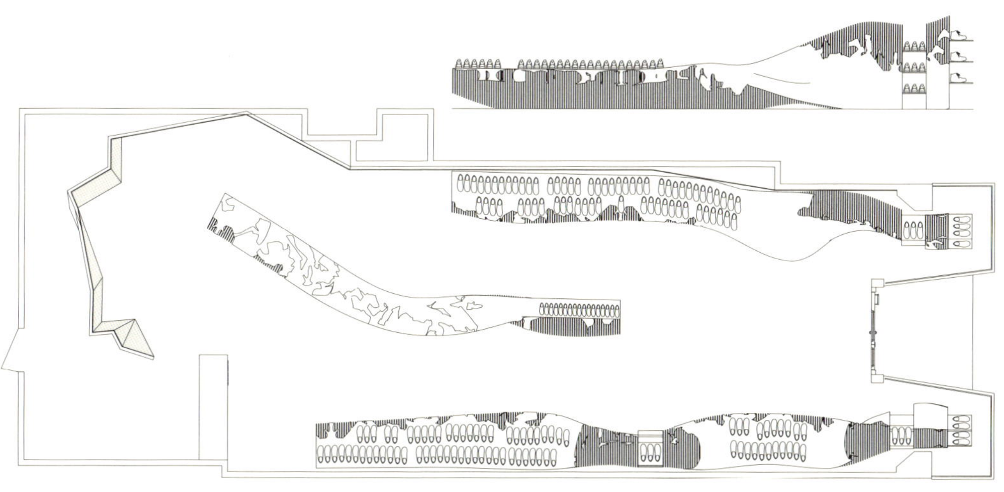

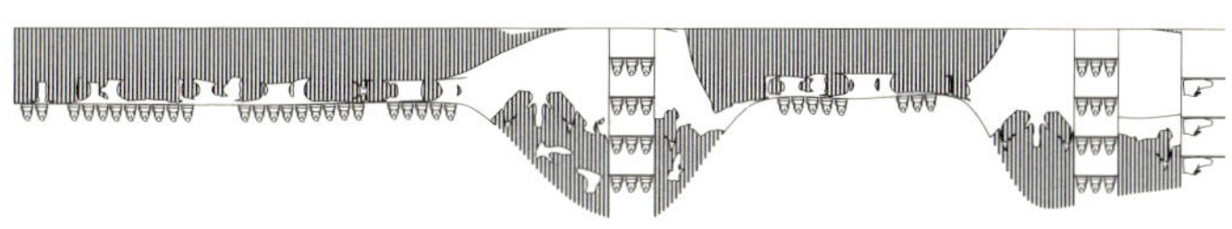

上图：沿街立面设计图

下图：平面图与剖面图

欧莱雅学院

西班牙巴塞罗那，2012-2013年

美丽、柔软而匀称的形式，精致而充满细节的表面构成巴塞罗那新欧莱雅学院的特点。坐落于市中心的一条街道上，位于格拉西亚大道（感恩之路）和对角线大道的交叉路口。靠近街道入口处的设计吸引了路人好奇的眼球，玻璃门由可以改变颜色的LED灯照明，像是在邀请公众进入。

对美丽的崇拜，对身体尤其是对头发的热爱是建筑设计灵感的基础，由此带来了两个楼层间流动空间的创意，功能包括培训教室、办公室和一个多功能空间，以便呵护皮肤和头发。

柔软的表面就像卷发在风中飘扬的形状。同样，家具、前台桌面和展示商品的壁龛都采用了树木和植物的柔软造型。项目的一大特点

是照明，分为两个的不同层次：白色的散射光让你清楚地看到色彩；而点光源则像雕塑元素一般悬浮在美发空间里，增加了空间的温度。陶瓷地板是巴塞罗那的特色。引入加泰罗尼亚的现代性是工作室的主题。EMBT建筑事务所尝试在这个项目里融合美学、功能、材料和结构技术，创造一个环境优雅的、包裹美丽世界的空间。

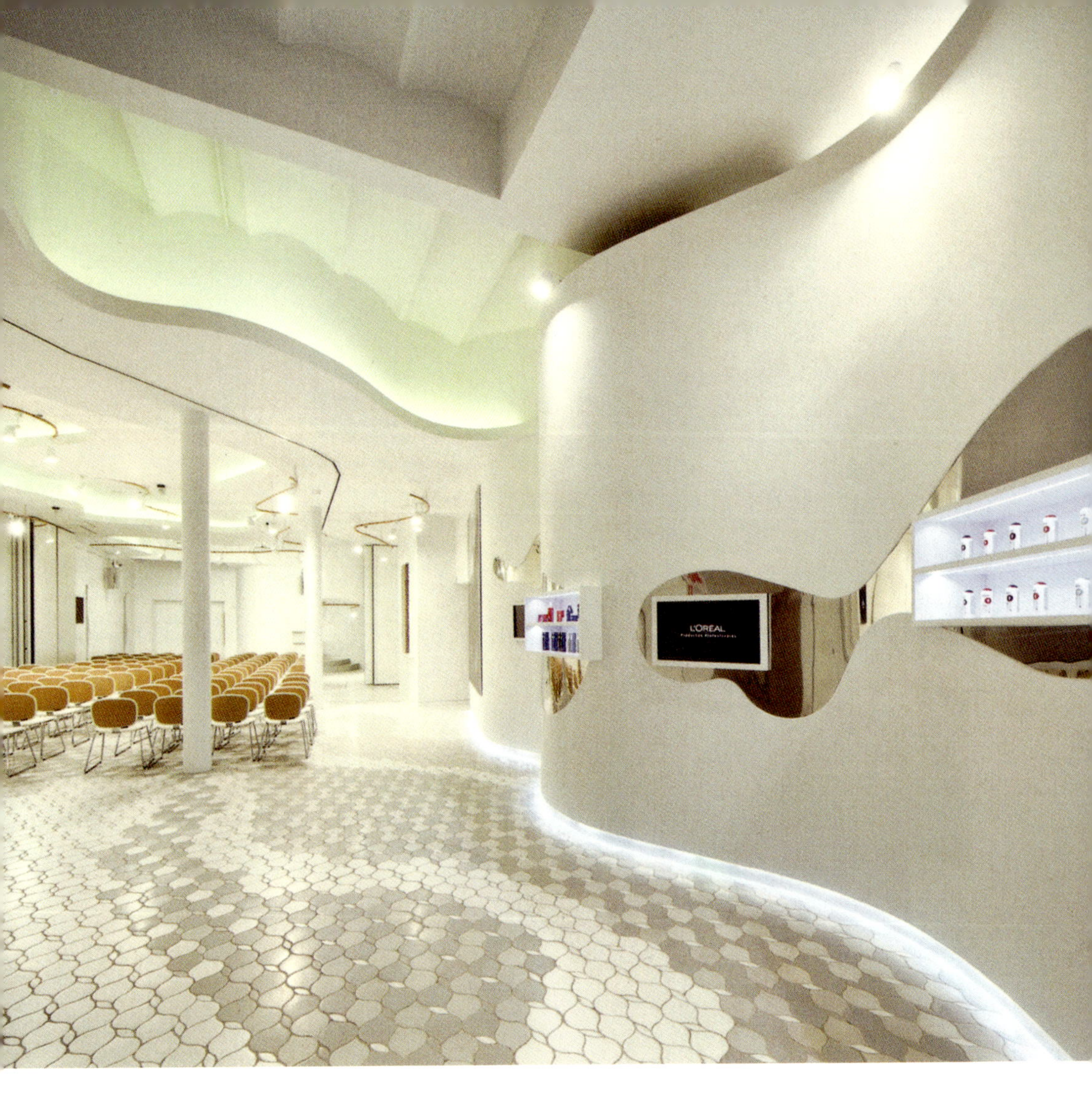

陶瓷地板、墙壁上壁龛通往培训空间

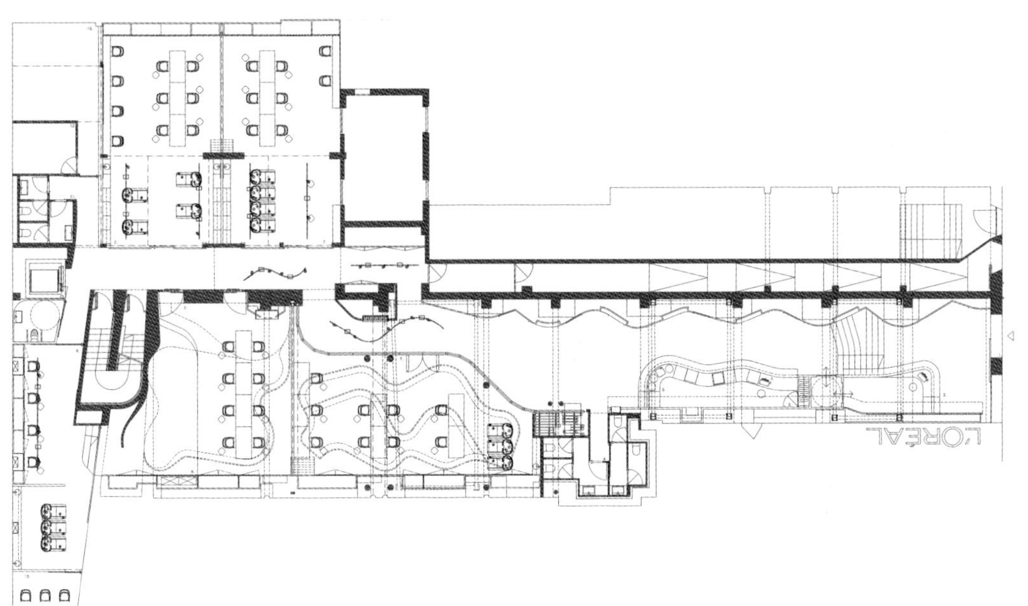

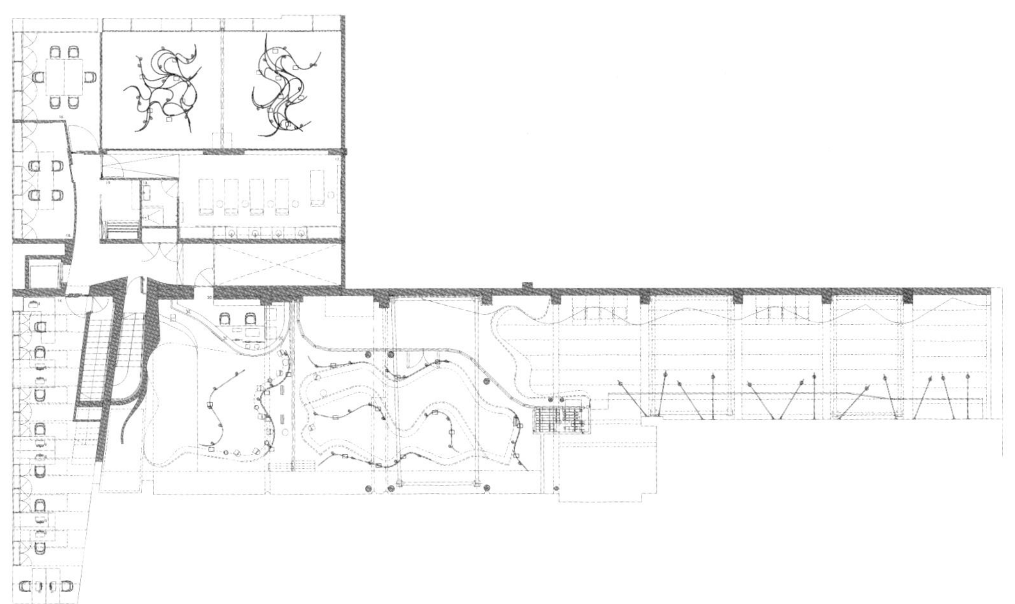

上图：首层平面图

下图：二层平面图

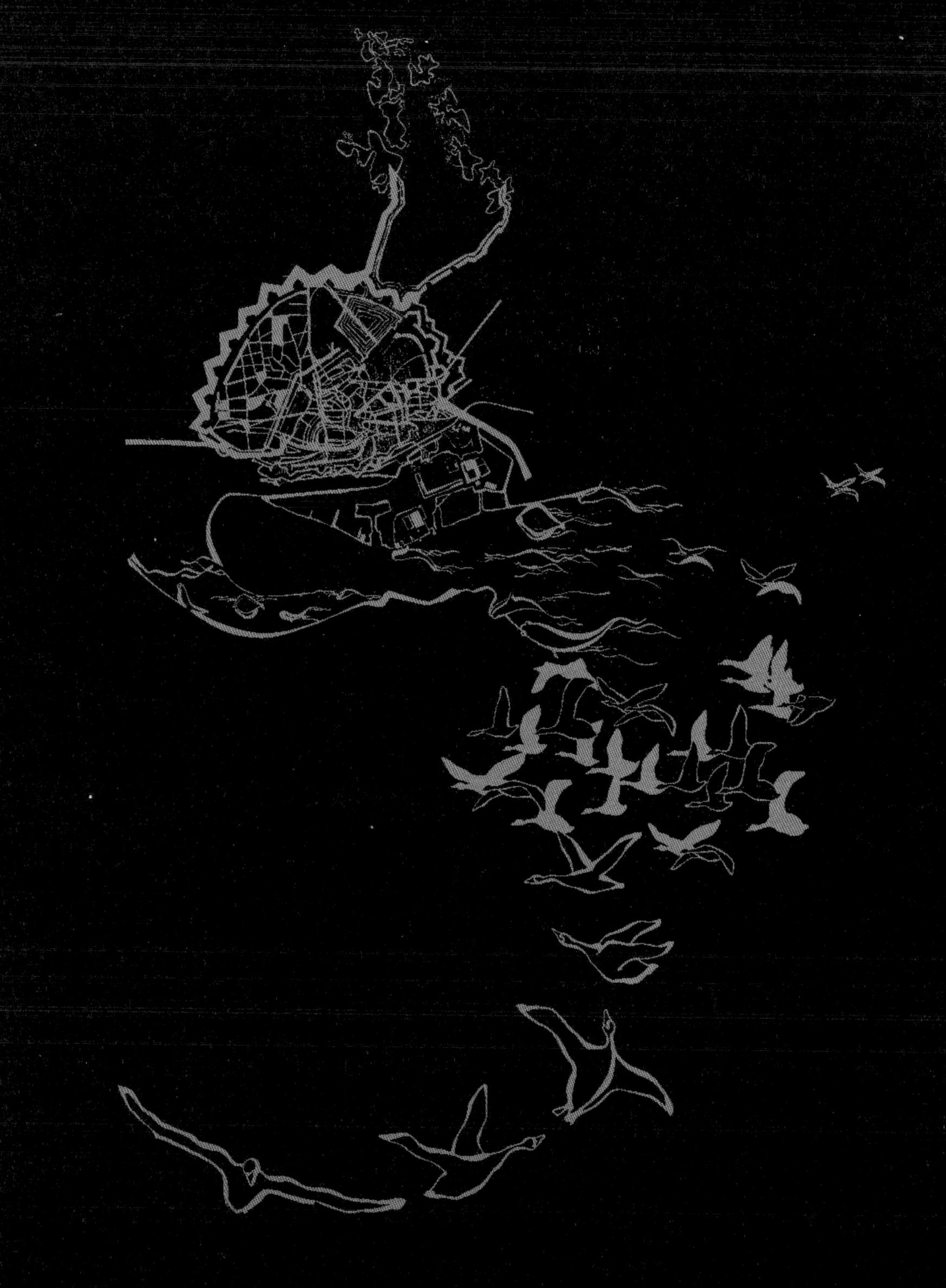

设计作品

海港城公共空间，德国汉堡

复旦大学管理学院，中国上海

圣贾科莫·阿波斯托洛教堂，意大利费拉拉

2015年米兰世博会意大利馆，意大利米兰

天津国家海洋博物馆，中国天津

阿斯塔纳世博会，哈萨克斯坦阿斯塔纳

对页：汉堡海港城的贴图研究

海港城公共空间

德国汉堡，2002年至今

项目的要求是将港口区改造成具有人本尺度的大城市区，并从根本上转化为开放式公共空间。EMBT建筑事务所2002年在项目投标中获胜。

设计切入点在动力和适应性上。景观随着季节发生变化，创造轻松的环境并将当地居民带向自然、水和树木，满足每一个层次的需求。景观元素从街头一直延续到港口；其颜色和表皮也一直变化，以适应广场、青山、停车场、休息室和酒吧。沥青路面上插入“自然”的圆形洞口，里面放置草地或石块。鸟和鱼的形状布满楼梯和石头上，同样也用来装饰垂直面和护栏。

路径设计的目的是创造流动感和轻松的气氛，引导新住宅区的居民通向和谐的景观。人工元素、自然和水一起组成了新景观。

海平面的一层（标高0.00）是一个包含娱乐区的，允许进入船只、运动艇和渡轮的大浮动平台。特殊的浮式结构容纳了绿地和树木。从海岸和通孔可以看见大海，因此其绰号为“池塘效应”。下层（标高4.50）主要是为了行人在水边散步放松，有绿化相间的小咖啡馆；街道层（标高7.50）实行拥挤的交通和人行道分离，这里设置的是游戏和停留的区域。较低的平面是水面、树木，游戏和散步的区域，以及不同的铺地和走廊。

码头景色

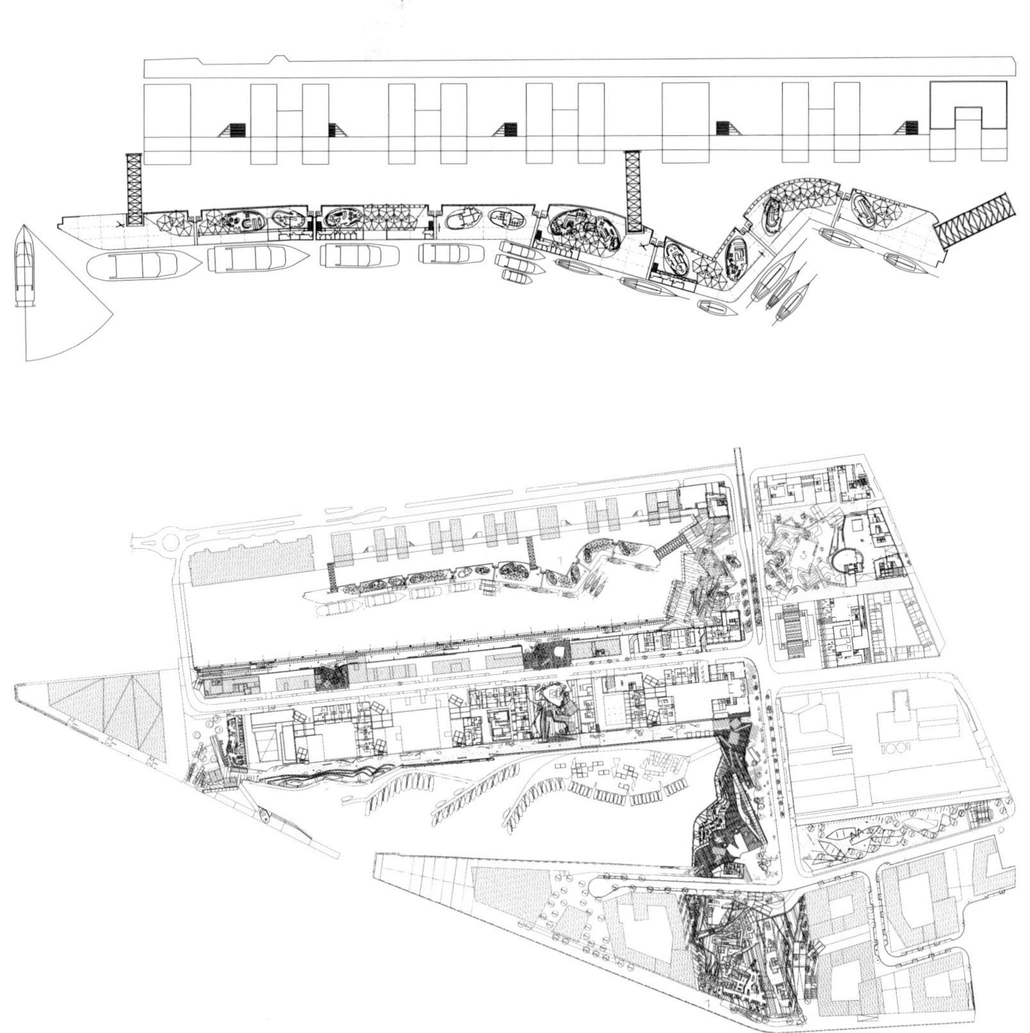

上图：平面图

下图：总平面图

上图：局部鸟瞰图

下图：岸上的船

上图：公园

下图：有鱼形图案的台阶挡墙

复旦大学管理学院

中国上海，2011-2015年

复旦大学的校园建筑是上海市非常重要的历史建筑之一，校园结构中的建筑具有独特性，它联系着历史和传统。同样，新建筑必须能够和复旦大学的身份产生关联并应该传递当代生活和新建筑的价值。

校园整体视觉效果是新设计中一定要考虑的部分。该项目分为拥有大片绿地的两个部分，带有树林和水池，为场地提供新的社区。因此新建筑不是彼此独立的区域，而是公共活动的场所。

复旦大学是中国最古老和优秀的大学之一，复旦大学的名字可以解读为“旦复旦兮，日月光华”，因此在新建筑当中应该可以看到光，并且应该适应优美的城市文脉，重现传统材料和形态。

所有建筑的公共区域都被一个屋顶覆盖，维持并且调节直射的日光。这个屋顶的创意来自传统屋顶。来自天堂般的光线是整个建筑的特点，在每个学期陪伴和引导学生，并唤起对于学校价值和传统校名的回忆。空间内部组织原则很简单：公共功能和私密空间在不同楼层；下面几层包括报告厅、图书馆和博物馆等公共部分；相对私密的教室位于上层楼层。

东北及东侧透视效果图

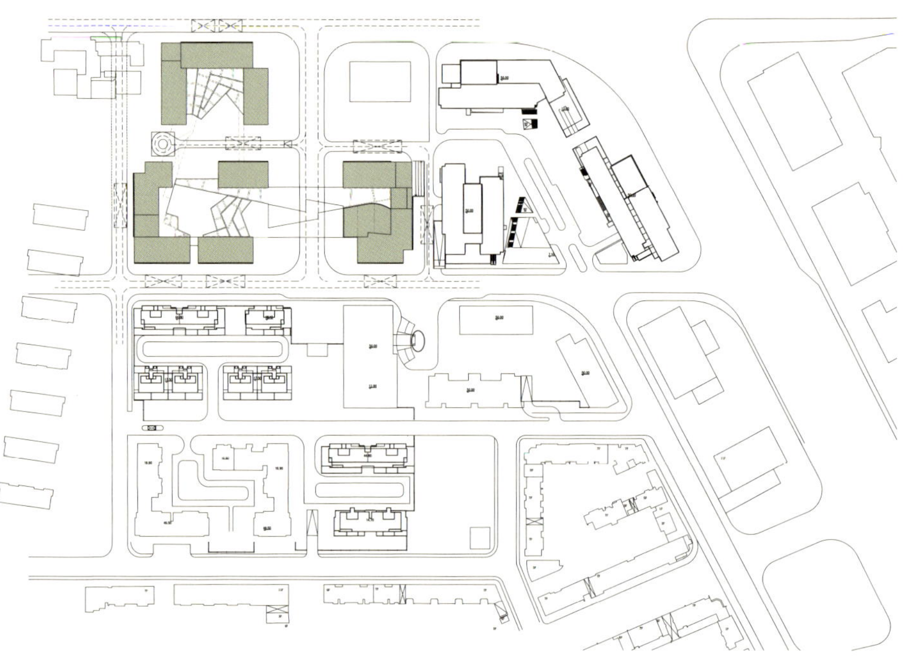

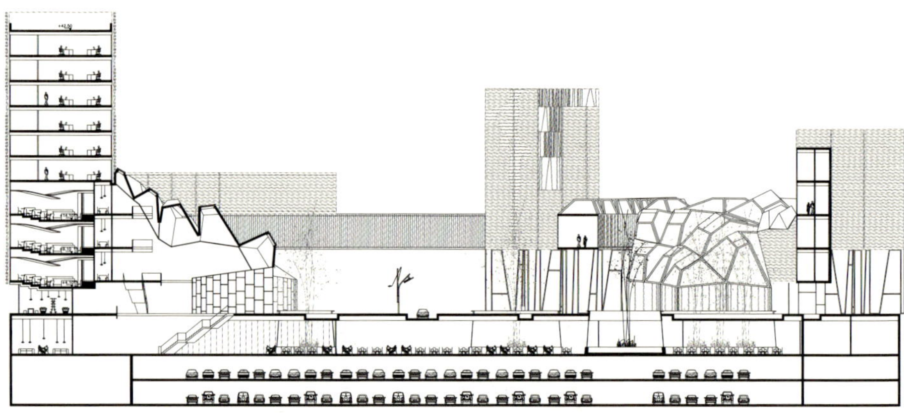

上图：校园平面图以及新设计的建筑

下图：剖面图

上图：入口

下图：庭院

圣贾科莫·阿波斯托洛教堂

意大利费拉拉，2012年至今

圣贾科莫·阿波斯托洛（San Giacomo Apostolo）的教区综合体是该地区新的视觉和活动中心。这是一座轻巧而有机的建筑，与费拉拉历史建筑的雄伟气质形成鲜明对比。

建筑呈现出一种开放的氛围，与社区紧密连接。两侧的轴线就像是张开的双臂，向教堂前面的广场汇聚；自然延伸的教堂庭院被设计成一个社交场所。

建筑形式源自雕塑，与自然密切相关，并受到大自然的启发。一个稀疏的绿树边界营造出一种家庭般的亲密环境。教堂以现代风格重新诠释了朝拜建筑的原型形式：从河的两边都可以看到的钟楼，标志着该领域的存在。雕塑屋顶的波浪轮廓让人想起罗马风和哥特式中殿的形状，它们以放射状重新组装，拱顶从祭坛上的穹顶升起。

教堂面向当地社区开放，促进社会、教育和教民互动，这种开放通过场地设计联系教区和周边的建筑物而得以强调，它提供一个带有丰富服务的社区生活。

上图：入口街道侧的外观效果

下图：有机的室内空间

上图：地面层平面图

下图：建筑立面效果

2015年米兰世博会意大利馆

意大利米兰，2013年

EMBT建筑事务所为2015年米兰世博会提交的竞标方案名叫“生命之树”，其设计源自对意大利各地农村景观航拍照片的研究结果。工作室偏爱“拼贴”这种设计工具，它引发了展示空间的设计概念；展馆的整个设计过程中都出现了“意大利树”：外墙让人联想起柏树和杨树的树枝和叶子之间有开口。中心穹顶及其编织结构将定期补充树木以展现自然状态。

展馆出现分支结构向游客表明存在的这个区域。并采用太阳能光伏电池系统，为灯光秀和室内通风系统提供能量。

室内圆顶唤起了对古罗马辉煌的回忆，它让人联想到每个城市都能见到的经典穹顶。在卡尔多这个地方，较小穹顶的建造采用木材，为观众举行各种不同主题的流动展览提供场所，并通过各种方式、各种主题陪伴公众。

根据可持续性的原则指导，在世博会结束时主穹顶空间将被留下作为其他功能的活动空间，而所有展馆都可以被轻松地拆卸、运输，并改建在其他地方重复使用。

建筑外观

ALBERO DELLA VITA ITALIANA

上图：剖面图

下图：主展馆和小穹顶设计图

天津国家海洋博物馆

中国天津，2013年

“生命始于水”，自古以来和水的联系对于人类必不可少。中国许多神话都包含与海洋世界相关的人物。

神秘、等待探索、资源丰富、提供保护，海洋是生命的发源地和最初的贸易途径。

国家海洋博物馆的设计灵感来自海洋世界：波浪、洋流、永恒的变化。项目位于天津市，一座中国北方历史悠久的重要港口城市。博物馆的目的是吸引客流并且成为一座里程碑式建筑，在这里将会看到和海洋世界相关的历史遗迹。它将会是一个叙述、保护、寻找和实验人类对于海洋活动和海洋自然环境的地方；一个了解、获取海洋资讯，同时又能够娱乐的地方。博物馆总体上包含这些工程，自然而然地形成空间和形式。博物馆是人和海洋之间的纽带，洋流和自然流的走向被“捕捉”并引导进入内部空间，游客根据波浪漩涡运动的动力带在建筑室内和室外移动。这些元素的重叠创造出一个新的维度，其中博物馆的空间和景观整合的开放平台、人与海洋以及自身的许多想法和建议得到了融合，成为面向城市和景观开放的新空间。这是所有年龄层的人们广增见闻和娱乐的场所，一个吸引人的地方，一个神奇的海洋世界、探索和发现水的起源和联系的地方。博物馆融合了海洋的历史和永恒的奥秘，成为海岸延伸出来的一部分。

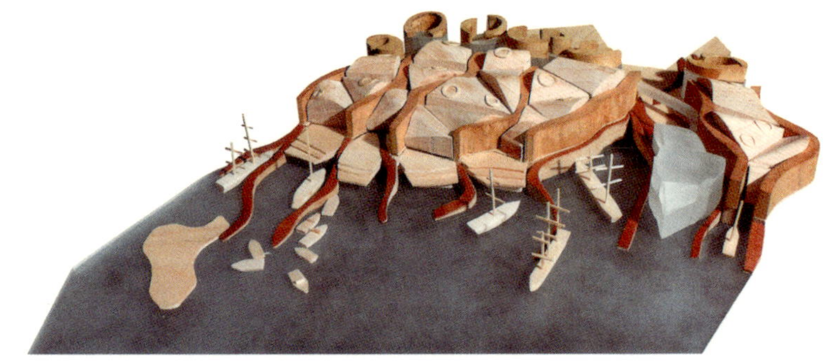

上图：带有城市背景的设计表现图

下图：总平面图

设计作品

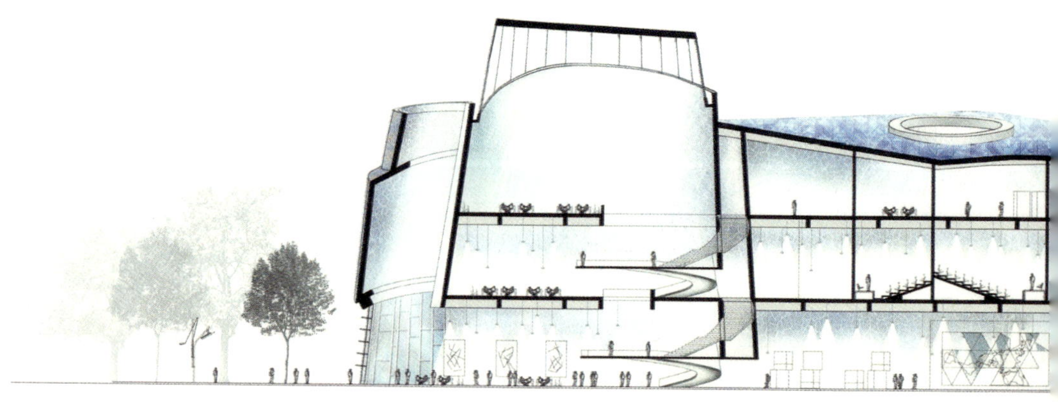

上图：入口效果

下图：剖面图

大厅效果

阿斯塔纳世博会

哈萨克斯坦阿斯塔纳，2013年

阿斯塔纳世博会项目的选址是源于哈萨克斯坦民族的传统价值：释放自我、对于地球的尊重和对于人与自然和谐的追求、重新理解和适应现代生活的需求。

马是哈萨克斯坦精神的象征，也是项目的核心：自由、历史、独立和对未来能源的关注。这些同样凝聚在EMBT建筑事务所的设计当中。结构灵感来自马鞍形，覆盖和保护不同国家展馆的区域。

该区域位于一个绿色轴线上，连接阿斯塔纳各机构和世博园区的区域，然后开放为覆盖和保护整个地区和游客的一个大圆圈。

这个意义重大的圆形屋顶成为世博会的象征。这个根植于地域性的圆形代表了哈萨克斯坦传统建筑毡房和历史的聚落、特殊服饰和装饰。玻璃构架把人和各种活动联系起来，可能会在整年持续，象征着“第三次工业革命即循环经济：在一个闭环内创造能量，自产自销，因此我们建议符号的原则是全部使用圆形”。

一个场所生产和储存能量，通过谨慎战略积极和环境因素相关联。日光、水、风、雪、植物、土壤和废物都集成到一个智能能源系统，共同创造一个可持续的未来。

进入该区域的途径之一景

上图：鸟瞰图

下图：屋顶下的景象之一

总平面图

上图："贴图"设计研究

下图：主展区上巨大的环形屋面

建筑思想

对页：贝娜蒂塔·塔利亚布

对话贝娜蒂塔·塔利亚布：从历史到设计项目的热情谈起

玛丽亚·维多利亚·卡皮塔努奇（Maria Vittoria Capitanucci，以下简称M.V.C.）：几乎可以认为您是个西班牙人……在您的建筑生涯中，设计思维受西班牙和意大利的影响各占多少？

贝娜蒂塔·塔利亚布（Benedetta Tagliabue，以下简称B.T.）：我经常会被问到这个问题，回答基本一样："我是一个生活在巴塞罗那的意大利人。"这个声明已经向世界表明我有一个融合的身份。其次，巴塞罗那是西班牙加泰罗尼亚城市。事务所当然有西班牙的影响，而我是意大利人，我的同事则来自世界的各个角落，我们共用一个混合的身份。

在任何情况下，我都认为有一个形式的身份很重要。意大利是我最重要的构成部分、我文化的根源，它是我的家、我一切的"母亲"，同样的，对我来说在其他地方生活、在其他城市营养也必不可少。我认为这会带来更现代的生活方式，不像目前的生活这么简单。我们不再是确定地属于某一个地方。几乎没有人确定只属于一个地方。因此，我认为接受这种多元化的个性非常好，我们每个人都可以随身携带。

M.V.C.：您是世界的公民，在上海和巴塞罗那都有工作室。您开辟了哪些新的探索路径和建筑方式？

B.T.：的确世界旅行与参观不同的地方和城市总是给我带来启发。持续不断的变化给我们的项目带来了很大的影响，对我以及我们的建筑设计也是一样。我似乎更容易理解世界其他地方的人的心理，试图更有交流，而且我觉得这方面在今天更为重要。旅行的影响很大。

M.V.C.：在我的文章里大胆地比较了您和丽娜·柏·巴蒂，您也许会喜欢，也许不会。不仅因为你们都是女性，或者因为你们都选择了在非出生地生活，而是为了一个设计的伦理概念，在其中坚持建筑的角色和社会价值。

B.T.：能够和丽娜·柏·巴蒂作比较是一种荣誉，我非常尊重这位女性的强烈个性。我参观过她在巴西的家——威德鲁住宅。旅程十分美妙，也有很大的启发。我认为建筑和建筑的社会作用可以改变使用这些建筑的场所和方式。但我发现过去和现在有很大的区别，主要是基于对距离的认知差异。我认为搬到很远的地方是一次很长的旅程。然而我记得另一个生活在阿根廷的伟大意大利人——克洛林多·特斯塔，他告诉我他从意大利到布宜诺斯艾利斯的船上旅行几乎是没有尽头的……那么这是对于距离的意识，通过旅途才能感受到的意识。然而在今天，这种意识有一些丢失。我碰巧在中国三天，并在巴塞罗那休息一周，之后要去米兰开会，当天下午再回去。

意大利和西班牙的距离从操作的角度来说几乎不存在。在我们年轻的时候两地之间距离曾经非常遥远，现在很多都已经改变了。丽娜·柏·巴蒂离开意大利去了巴西，但是能够一直与她的文化根源保持强烈联系，就像现在这样，这肯定是我们之间的巨大差异。

M.V.C.: 对于您来说“公共空间”代表着什么？大众和私人之间的连续性？这两个元素之间的关系在EMBT工作室项目里可以看作一个主要路径，从公园到代表性建筑，从学校到博物馆。

B.T.: 我十分相信建筑能够影响人类行为。这是我们的工作，我们相信和希望可以提升在我们项目里生活的人们的生活品质。恩瑞克经常提到一个来自英国设计师艾利森·史密森（Alison Smithson）的话（“十人小组”的创始人之一），他性格十分内向，他声称：“我们就算把建筑缩到最小，也要保证它能被发现”，必须非常细心地寻找和理解场地潜在的积极元素，使其变得更好。这一步操作似乎显而易见，但并非总是如此，我们相信可以创造出改善人们生活的地方。

M.V.C.: 场地的目的来自“生活”或者来自重生。如果制作一条表达公园（或广场，城市系统）这个主题的作品序列，从恩瑞克时代到今天会汇总大量的相关项目。

B.T.: 是的，1978年的地中海公园和之后德雷斯达的菲耶拉国际公园、圣罗莎公园在摩勒特谷、巴塞罗那的斜角广场、海港城的公共空间、列伊达（Lleida）的理查德宫直到2010年西安国际园艺展览会……我们有很多项目，出于对人类的思考。

M.V.C.: 您曾经就读于威尼斯建筑大学，这所学校受到过来自杰出校友的影响，比如阿尔贝托·萨莫纳（Alberto Samonà）、伊尼亚齐奥·加尔代拉（Ignazio Gardella）、吉安卡洛·德·卡洛、曼弗雷多·塔夫里（Manfredo Tafuri），以及其他人。这些也是您提到过的人。您和谁学习或者合作过呢？我们已经聊过很多关于恩瑞克·米拉莱斯的事情了，我想更好地了解一下您。

B.T.: 我很开心您提到了曼弗雷多·塔夫里（Manfredo Tafuri），那段在建筑历史系的时间对于我而言是打基础的岁月。从那时起我就开始转向历史建筑研究，因为我喜欢他的个性、学识、魅力，尤其是他的课程。我过得很愉快，然后在同一个部门，有其他一些人，比如研究美学的佛朗哥·雷拉（Franco Rella）和弗朗切斯科·达尔科（Francesco Dal Co），研究哲学的马西莫·卡恰里（Massimo Cacciari），还有马西莫·斯科拉瑞（Massimo Scolari），对我来说都非常重要。

斯科拉瑞在那个环境下代表了历史世界、创造实践和设计活动能够达到的极限。我相信正是因为斯科拉瑞，我开始“远离”塔夫里并且“背叛”历史领域。多亏了他，我才开始走向国外，向盎格鲁·撒克逊世界的教授学习，比如彼得·库克。很明显他和“威尼斯人”的立场差距很大，最终我决定成为一名建筑师，带着塔夫里的祝福。他对我说：“我希望你过非常快乐的生活。”然后我遇到了约翰·海杜克——纽约库伯联盟学院（建筑与艺术学校）的教授，我跟着他学习了一个暑假课程。海杜克是一位诗人，能够具体化他的梦想，在开设的课程中，学生设计的建筑能够实现……从这里我接触到美国世界。在哥伦比亚大学，我遇到了恩瑞克·米拉莱斯，我明白他的建筑是我能找到的“最有趣的”，因此我跟随他来到巴塞罗那。

M.V.C.： 在EMBT建筑事务所的项目中，结构和技术无疑占据主要位置——您认为爱丁堡议会大厦覆盖复杂的编织、西班牙馆的结构、“高脚杯建筑”、维戈大学这些项目，技术的迷人之处在哪里？认为这是为了解决结构节点以及找到最近时代材料的能力极限的方式，或者结构美学本身就是构成整体选择的一个部分？

B.T.： 我认为更多的是在结构当中，恩瑞克也是如此，他在结构中看到“特征”。

M.V.C.： 那您也看到了吗？

B.T.： 是的，我也看到了我的“特征”——在这些情节、节点和实现的以及设计的建筑元素当中。但是我的想象肯定和恩瑞克不一样。他留下来的不可能一直延续。事物随着时间的变化，这是合乎逻辑的，也是哲学的：改变一定会发生，即使主体可以重复再重复。比如宇奈月冥想亭在天空中的轮廓是一个主题，在这个主题上我们当时是为了2014年在巴塞罗那的临时设施预制的，就在明天开放。

M.V.C.： 您提到了宇奈月冥想亭，是在矶崎新的邀请下，米拉莱斯在20世纪90年代初完成的。我想知道如果根据您来看，是否存在和新陈代谢学派的联系，如同建筑电讯学派的史密森和盎格鲁·撒克逊那样的，在他的早期建筑当中？

B.T.： 我的确相信展示结构构成了恩瑞克的热情之一，结构是设计的基础部分之一。在宇奈月冥想亭中，结构做得更多，成为自然的一部分。这一点引起了恩瑞克的兴趣。当然，在这个特殊的时机，也接触到了日本的影响，使其成为美学的一部分。这里的结构作为支撑，有一个平台，人们可以在上面观察自然的裂缝，是一个空的阳台。恩瑞克想使结构变成几乎是一棵树，因为整个金属表面不是真的必要，而是在空中设计的展示，是树枝也是象征，每个人都可以用自己的方式解释。

M.V.C.： EMBT建筑事务所遇到的建筑规模都十分不同，从广阔的城市设计到临时装置，从校园综合体到博物馆、著名时尚品牌旗舰店到真正的设计。我想，在你们的探索之中，这种机会和问题的多样性，以及操作的维度是一个刺激。

B.T.： 我一直认为我们是幸运的建筑师，既在意大利又在西班牙。因为我们仍然有机会在每个尺度工作，“从汤匙到城市”，就像罗杰斯（E.N. Rogers）所说的。我们成功地占据总平面、室外部分、室内和操作细节，我们考虑一个完全流动的结构、一个独特的持续路径。

里卡多·维涅斯广场，莱里达，2007-2010年

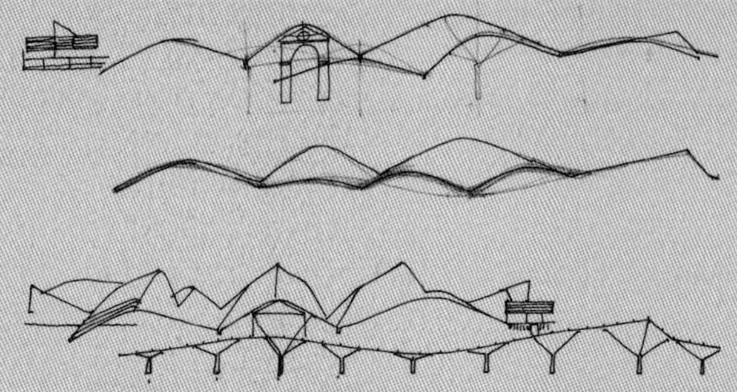

M.V.C.： 最后作为结论，在这么多项目当中哪个是最接近核心，或是您参与最多的?

B.T.： 其中最激烈的我肯定会说这个项目，圣卡特里娜集市和区域项目，因为它几乎可以算是一个我们家的延伸。这是一个超越我们的职业的实验，我们觉得这就像是我们的归属地……在我们公寓的方案中，这是老城区的一部分，我们已经实现第一个内核，在巴塞罗那古老的建筑中进行了我们的建筑实验，从这里再推广到其他历史城市。

圣卡特里娜（Santa Caterina）的做法不仅是一个集市的翻新，更是整个古老的、被遗弃和忘记的街区。通过放置一个富有活力的元素完善场地。这是人们仍然每天使用的、不断变化的集市，是一个与我们家庭生活有关的项目。第二个项目，我认为是在2010上海世博会中“魔术”的西班牙馆。对我来说，这就像回到我18岁的时候，从飞机的窗口中第一次看到中国。在那个时候，我意识到我属于这片领土，我必须回去。

所以当我参加场馆的竞赛时，我觉得这是一个非常重要的实验。我们已经对材料进行了调查，最后决定使用柳条，非常“人类”的材料，试图超越建筑语言的限制。这一次标志着我们在中国的工作开始了，我们已经开设了上海工作室，就像是在世界建筑有了第二人生。

M.V.C.： 您在中国有很多项目正在进行，一些范围很大并且仍然进入文化世界，例如复旦大学管理学院和天津海洋博物馆。还有张大千博物馆，一个亭子结构坐落在献给这位画家的山顶之上。您怎样看待这个精致的项目?

B.T.： 目前，它在内江市的手中，第一块石头铺好了，但不幸的是，我们不知道它是否会实现，因为有时在中国的决定是一个谜。在这种情况下，问题很多，主要取决于与自然的关系。当然，和人格特点也有关系，这位画家喜欢花园、创作和厨房。板块的概念和外形轮廓来自竹筋形成层压板。此外，张大千在1949年后离开中国大陆。这个作品是一个机会，能看到他回到中国以及那些年他所做的一切。这是一个可爱的主题，这是开放的边界。

圣卡特里娜市场的设计草图

参考文献

B.Tagliabue, *Architectural Monographs No. 10: Enric Miralles. Mixed Talks* Academy Edition, London 1995.

Enric Miralles. Obras y Proyectos 1995, "El Croquis", 72 (II), 1995.

Miralles/Pinós 1983/1990, Enric Miralles 1990/1994, "El Croquis", 30+49/50, gennaio 1995.

B. Tagliabue (a cura di), *Enric Miralles. Opere e Progetti*, introduzione di E. Miralles, Electa, Milano 1996.

Enric Miralles. Some Ways of Remembering the Projects 1986/1996, in "KA Korean Architects", 1996.

A. Zabalbeascoa, J. Rodriguez Marcos (a cura di), *Miralles Tagliabue: time architecture*, G. Gili, Barcelona 1999.

1996-2000. Monografía Enric Miralle Benedetta Tagliabue, in "El Croquis", 100-101, 2000.

M. De Michelis e M. Scimeni (a cura di), *EMBT, Miralles Tagliabue: architetture e progetti*, Skira, Milano 2002.

Enric Miralles Benedetta Tagliabue. EMBT Arquitectes, Loft Publications, Barcelona 2003.

EMBT: Enric Miralles, Benedetta Tagliabue: work in progress, Collegi d'Arquitectes de Catalunya, Barcelona 2004.

Critical Barcelona, in "Area", 90, gennaio/febbraio 2007.

Looking Inwards. Public Library Palafolls, testi di B.Tagliabue, in "Domus", 905, luglio/agosto 2007.

Miralles+Tagliabue nuova sede di Gas Natural Barcellona, in "Casabella", 754, aprile 2007.

University Campus a Vigo e Scottish Parliament a Edimburgo, in "Metamorfosi", Quaderni di Architettura, 68-69, settembre/dicembre 2007.

Changing Cities. Area's Top 100 architectures itineraries. Barcelona. Extraordinary/everyday. Parc dels Colors. 1992/1995 Miralles/Tagliabue, in "Area", 100, settembre/ ottobre 2008.

Miralles Tagliabue EMBT Arquitectura Na Universidade De Vigo, Edicion Universidade De Vigo, Vicerrectoria De Planification, 2008.

M. Santangelo e P.Giardiello (a cura di), *EMBT 1997/2007: 10 anni di architetture di Miralles Tagliabue*, Clean, Napoli 2008.

EMBT 2000-2009. Enric Miralles Benedetta Tagliabue After-life in progress, in "El Croquis", 144, 2009.

Benedetta Tagliabue EMBT, in "Area", 113, novembre/ dicembre 2010.

Benedetta Tagliabue, Spanish Pavilion, in "A+U Architecture and Urbanism", 478, luglio 2010.

Expo 2010 Shanghai, in "Area", 110, maggio/giugno 2010.

Studio EMBT, "I Quaderni dell'industria delle costruzioni", Edilstampa, Roma 2010.

Youth Music School and Auditorium (extension), in "GA Document", vol. 119, 2011.

Special Issue of Miralles Tagliabue EMBT 2002-2012, testi di E. Tuñón, C. Jencks, E. Morgan e F. Pernas, in "Archicreation", 8 settembre 2012.

著作权合同登记图字：01-2021-1593号
图书在版编目（CIP）数据
米拉莱斯：塔利亚布-EMBT建筑事务所/（意）玛丽亚·维多利亚·卡皮塔努奇编著；李雪珂译. —北京：中国建筑工业出版社，2021.8
（经典与新锐. 建筑大师专著系列）
书名原文：Miralles Tagliabue – EMBT
ISBN 978-7-112-26327-1

Ⅰ. ①米… Ⅱ. ①玛… ②李… Ⅲ. ①米拉莱斯—生平事迹 Ⅳ. ①K835.466.16

中国版本图书馆CIP数据核字（2021）第135765号

Original title: **Miralles Tagliabue - EMBT**
Original Edition © 2020 24 Ore Cultura s.r.l. - via Monte Rosa, 91 - Milano
Simplified Chinese Copyright © 2021 China Architecture & Building Press

本书由意大利24小时出版社授权翻译出版

责任编辑：姚丹宁
书籍设计：张悟静　何　芳
营销策划：黎有为
责任校对：王　烨

经典与新锐——建筑大师专著系列
米拉莱斯/塔利亚布-EMBT建筑事务所
MIRALLES TAGLIABUE-EMBT
【意】玛丽亚·维多利亚·卡皮塔努奇　编著
李雪珂　译
王　兵　校

*
中国建筑工业出版社出版、发行（北京海淀三里河路9号）
各地新华书店、建筑书店经销
北京锋尚制版有限公司制版
北京富诚彩色印刷有限公司印刷
*
开本：889毫米×1420毫米　1/32　印张：3¾　字数：238千字
2021年11月第一版　2021年11月第一次印刷
定价：78.00元
ISBN 978-7-112-26327-1
（27579）